W0057931

La muerte y la doncella

Anexo

Personajes

Paulina Salas, una mujer de unos cuarenta años.
Gerardo Escobar, un abogado de unos cuarentitantos años.
Roberto Miranda, un médico de unos cincuenta años.

El tiempo es el presente; y el lugar, un país que es probablemente Chile, aunque puede tratarse de cualquier país que acaba de salir de una dictadura.

PRIMER ACTO

Escena 1

Ruido del mar.

Es de noche.

El living-comedor de la casa de playa de los Escobar, con una mesa puesta para una cena para dos. Hay por lo menos tres sillas, una
5 *cassette-grabadora[1], una lámpara. Afuera, una terraza frente al mar comunicada con el living por medio de ventanales[2]. Hay una puerta desde la terraza que conduce a un dormitorio. En la terraza se encuentra sentada Paulina Salas, como si estuviera bebiéndose la luz de la luna. Se escucha el ruido de un auto a lo lejos. Ella se levanta, va hasta*
10 *el living, mira por la ventana, retrocede, busca algo, y cuando se ilumina la pieza con focos de luces[3] del auto que se avecina[4] se ve que ella tiene en sus manos un revólver. El auto frena con el motor todavía andando, las luces sobre ella. Sonido de una puerta de auto que se abre y se cierra.*

→ *Tarea A*

15 **VOZ DE GERARDO** (*off*): ¿Seguro que no quieres entrar? Un traguito[5], siquiera… Entonces nos juntamos antes de que yo me vaya… el lunes tengo que estar de vuelta… ¿Te parece el domingo?… Mi mujer hace un pisco sour[6] que es de miedo…

---

1   la cassette-grabadora: *hist.* Kassettenrekorder
2   el ventanal: ventana grande
3   el foco de luces: *chil.* Autoscheinwerfer
4   avecinarse: acercarse
5   el trago (*dim.* traguito): Schluck
6   el pisco sour: cóctel alcohólico preparado con aguardiente y zumo de limón

Oye, no sabes cuánto te lo agradezco[1]... Así que hasta el domingo. (Se ríe)

Paulina esconde el revólver. Se esconde detrás de las cortinas. El auto parte[2] y queda el escenario iluminado sólo por la luz de la luna. Entra Gerardo.   5

GERARDO: ¿Paulina? ¿M'hijita? Que está oscuro esto... (*Ve a Paulina escondida. Enciende una lámpara.*) ¿Pero qué haces allí, Paulineta linda, mi gatita amorosa? Perdona que haya tardado tanto en... Yo...

PAULINA (*tratando de no parecer alterada[3]*): ¿Quién era?   10

GERARDO: Lo que pasa...

PAULINA: ¿Quién te trajo[4]?

GERARDO: ... es que tuve un... no, no te preocupes, si no fue un accidente, lo que pasa es que el auto... – por suerte un tipo me paró – se me pinchó un neumático[5]. Oye, que está lúgubre[6]   15
esto. (*Prende otra lámpara. Ve la mesa puesta.*) Pobrecita. Debe haberse enfriado[7], ¿no?, la...

PAULINA (*muy calmada, hasta el final de la escena*): Se calienta[8]. Siempre que[9] tengamos algo que celebrar, ¿no? (*Pausa*). ¿Tienes algo que celebrar, Gerardo?   20

GERARDO: Eso depende de ti. (*Pausa larga. Saca un clavo[10] enorme de su bolsillo*) ¿Sabes lo que es esto? El clavo hijo de puta que

---

1 agradecer (c→zc) a/c a alg.: jdm für etw. dankbar sein
2 partir: *aquí* irse
3 alterado/-a: nervioso/-a
4 traer a alg.: *hier* nach Hause bringen
5 se me pinchó un neumático: ich hatte einen Platten
6 lúgubre: oscuro/-a
7 debe haberse enfriado: *etwa* es ist bestimmt kalt geworden
8 se calienta: *hier* das kann man wieder aufwärmen
9 siempre que... (+ *subj.*): vorausgesetzt, dass...
10 el clavo: Nagel

me pinchó el neumático. ¿Y sabes lo que pasa cuando a uno se le pincha…? Se cambia el neumático. Se cambia, siempre que haya uno de repuesto[1], ¿no? Siempre que la mujer se haya acordado de parchar[2] el de repuesto, ¿no?

5   **PAULINA:** La mujer. Siempre la mujer. Parcharlo te toca a ti.

GERARDO: Perdóname, mi amor, pero habíamos quedado que…

PAULINA: Te toca a ti. Yo me ocupo de la casa y tú puedes ocuparte alguna vez del…

GERARDO: No quieres tener una empleada pero después…

10   **PAULINA:** … auto por lo menos.

GERARDO: … después te quejas…

PAULINA: Yo jamás me quejo.

GERARDO: Esta es una discusión absurda. ¿Por qué estamos peleando? Ya me olvidé de qué…

15   **PAULINA:** No estamos peleando, mi amor. Me acusaste de no parchar tu neumático.

GERARDO: ¿Mi neumático?

PAULINA: … y yo te dije con toda dulzura que…

GERARDO: Un momento. Aclaremos este asunto de una vez. Que
20   no parchaste el neumático, nuestro neumático, pase[3]; pero hay otro pequeño asunto que aclarar. La gata[4].

PAULINA: ¿Qué gata?

---

1   [el neumático] de respuesto: Ersatz[reifen]
2   parchar: reparar, arreglar
3   pase: *aquí* no importa, da igual
4   la gata: Katze; *chil.* Wagenheber

GERARDO: En efecto. ¿Qué gata? ¿Qué hiciste con mi gata? Porque tampoco estaba...

PAULINA: ¿Tu gata? Tu gata está acá, mi amor...

GERARDO: ¿Mi gata?

PAULINA: Tu gatita.   5

Gerardo se ríe, la toma en brazos, la besa.

GERARDO: Ahora dime: ¡la gata del auto! ¿Qué hiciste con...?

PAULINA: Se la presté[1] a mi mamá.

GERARDO (*soltándola*)**:** ¿A tu madre? ¿Se la prestaste a tu madre?

PAULINA: A mi mamá, sí.   10

GERARDO: ¿Y se puede saber por qué?

PAULINA: Se puede. Porque le hacía falta.

GERARDO: Mientras que a mí, claro, a nosotros supongo que no nos... No se puede... Mi amor, no puedes hacer eso.

PAULINA: Mamá se iba de viaje al Sur y verdaderamente lo necesi-   15
taba, mientras que tú...

GERARDO: Mientras que yo me jodo[2].

 PAULINA: No.

GERARDO: Sí. Recibo un telegrama y me tengo que ir de urgencia a la capital para ver al Presidente en lo que es la reunión más   20
importante de mi vida y...

PAULINA: ¿Y...?

---

1   prestar a/c a alg.: jdm etw. ausleihen
2   joderse: *vulg.* am Arsch sein

GERARDO: Y se me mete un clavo hijo de puta; por suerte no fue a la ida[1] que se me clavó el hijo de…, y ahí me quedé sin repuesto y sin gata en la carretera… Paulina, yo no sé si tu linda cabeza puede darse cuenta de que…

5 PAULINA: Mi linda cabeza sabía que ibas a encontrar alguien que te ayudara. ¿Era buena moza[2], por lo menos? ¿Sexy?

GERARDO: Ya te dije que era un hombre.

PAULINA: No me dijiste nada por el estilo[3].

GERARDO: ¿Por qué siempre tienes que suponer que va a haber
10 una mujer que…?

PAULINA: ¿Por qué será, no? (*Breve pausa*) ¿Simpático? ¿El tipo que te…?

GERARDO: Simpatiquísimo. Por suerte me…

PAULINA: ¿Ves? No sé cómo te las arreglas[4], pero siempre te las
15 arreglas para que todo te salga bien… Mientras que mamá, seguro que si tiene un panne…

GERARDO: No sabes cuánta alegría me da pensar en tu madre explorando el Sur libre de preocupaciones, mientras yo me tuve que chupar[5] horas…

20 PAULINA: Exageraciones sí que no…

GERARDO: Cuarenta y cinco minutos. Por reloj. Pasaban los autos como si no me vieran. Cuando la gente parte a la playa por el fin de semana es como si perdiera todo sentido cívico de… Empecé a mover los brazos como molino de viento[6] a ver si con

---

1   a la ida: auf dem Hinweg
2   ser buena moza: ser guapa
3   nada por el estilo: nada de eso
4   no sé cómo te las arreglas: ich weiß nicht, wie du es schaffst
5   chupar: *chil. fam.* esperar
6   el molino de viento: Windmühle

eso… igual no me paró ni un alma[1]. Se nos ha olvidado lo que es la solidaridad en este país, eso es lo que pasa. Por suerte, este señor – Roberto Miranda, se llama – lo invité a que se tomara un…

PAULINA: Te escuché.   5

GERARDO: El domingo, ¿te parece?

PAULINA: Bueno.

Pausa.

→ *Tareas B*

GERARDO: Como nos volvemos el lunes. Me vuelvo. Y si tú quieres acompañarme, acortar estas vacaciones…   10

PAULINA: Así que te nombraron[2], ¿eh?

Breve pausa.

GERARDO: Sí.

PAULINA: La culminación[3] de tu carrera.

GERARDO: No la llamaría culminación. Después de todo soy el   15
más joven de los nombrados, ¿no?

PAULINA: Cuando seas Ministro de Justicia, sería la culminación, ¿eh?

GERARDO: Eso sí que no depende de mí.

PAULINA: ¿Se lo dijiste a él?   20

GERARDO: ¿A quién?

---

1   ni un alma: nadie
2   nombrar a alg.: jdn ernennen
3   la culminación: el momento más importante

PAULINA: A tu… buen Samaritano.

GERARDO: ¿A…? Pero si ni lo conozco. Es la primera vez en mi…
Además, todavía no decidí si voy a…

PAULINA: Ya decidiste.

5 GERARDO: Dije que le contestaría mañana, que me sentía
extraordinariamente honrado[1] pero que necesitaba…

PAULINA: ¿Al Presidente?

GERARDO: Al Presidente. Que lo tenía que pensar.

PAULINA: No veo qué tienes que pensar. Ya lo decidiste, Gerardo,
10 sabes que lo decidiste, es para esto que llevas años trabajando,
por qué te haces el que…[2]

GERARDO: Porque primero tengo que… tú tienes que decirme que
sí.

PAULINA: Entonces: sí.

15 GERARDO: No es el sí que necesito.

PAULINA: Es el único sí que tengo.

GERARDO: Yo te he escuchado otros. (*Breve pausa*) En el caso de
que acepte, tengo que saber que cuento contigo, que no sientes
que esto puede crearte ningún tipo de… No sé, podría ser duro
20 para ti tener que… Una recaída[3] tuya me dejaría…

PAULINA: Vulnerable[4]. Paralizado[5]. Tendrías que cuidarme[6] de
nuevo ¿no?

---

1 sentirse honrado/-a: sich geehrt fühlen
2 por qué te haces el que…: por qué haces como si…
3 la recaída: Rückfall
4 vulnerable: verwundbar, *hier* angreifbar
5 paralizado/-a: gelähmt, *hier* blockiert
6 cuidar a alg.: sich um jdn kümmern

GERARDO: No seas injusta. (*Pausa breve*) ¿Me criticas que te cuidé, que te voy a seguir cuidando...?

PAULINA: Y le dijiste eso al Presidente, que tu mujer podría tener problemas con...

Pausa.   5

GERARDO: Él no sabe. Nadie sabe. Ni tu madre sabe.

PAULINA: Hay gente que sabe.

GERARDO: No me refiero a ese tipo de gente. Nadie en el nuevo gobierno sabe. Me refiero a que no es público, como nunca hiciste... nunca hicimos una denuncia[1]...   10

PAULINA: Sólo casos de muerte, ¿no?

GERARDO: No entiendo, Paulina.

PAULINA: La Comisión. Sólo se ocupa de casos de muerte.

GERARDO: La Comisión investiga casos de muerte o con presunción[2] de muerte.   15

PAULINA: Sólo casos graves.

GERARDO: Se supone que esclareciendo lo más terrible, se echa luz sobre...

PAULINA: Sólo casos graves.

GERARDO: Digamos los casos... digamos, irreparables.   20

PAULINA (*lentamente*)**:** Irreparables.

GERARDO: A mí no me gusta hablar de esto, Paulina.

PAULINA: A mí tampoco.

---

1   la denuncia: Anzeige
2   la presunción: Annahme, Vermutung

GERARDO: Pero tendremos que hablar, ¿no? Voy a pasarme meses
recogiendo testimonios[1] que... Y cada vez que vuelva a casa...,
yo te voy a... supongo que tú querrás que yo te cuente... Y si tú
no lo puedes tolerar, si tú... si tú... (*La toma en brazos*). Si supie-
5 ras lo que te quiero. Si supieras cómo todavía me duele.

Breve pausa.

PAULINA (*sin soltarse, ferozmente*)**:** Sí. Sí. Sí. ¿Ese es el sí que
quieres?

GERARDO: Es el sí que quiero.

10 **PAULINA:** Necesitamos que se establezca toda la verdad. Promé-
teme que...

GERARDO: Toda. Toda la que se pueda... comprobar. (*Pausa*)
Estamos...

PAULINA: Atados[2].

15 **GERARDO:** Limitados, digamos. Pero dentro de esos límites es
bastante lo que se puede... Publicaremos los resultados. Un
libro oficial en el que quede para siempre establecido lo que
pasó, para que nadie pueda negarlo, para que nunca más nuestro país conozca excesos como...

20 **PAULINA:** ¿Y después? (*Gerardo no responde*) Escuchan a las
parientes de las víctimas, denuncias los crímenes, ¿qué pasa
con los criminales?

GERARDO: Traspasamos lo averiguado[3] a los tribunales de justicia
para que ellos dispongan[4] si corresponde o no...

---

1 el testimonio: *hier* Zeugenaussage
2 atado/-a: (del verbo *atar* 'fesseln') *hier* gebunden
3 traspasar lo averiguado: comunicar los resultados, informar
4 disponer: *aquí* decidir

PAULINA: ¿Los tribunales? ¿De justicia? ¿Los mismos tribunales que jamás intervinieron para salvar una vida en diecisiete años de dictadura? ¿Vas a entregarle tu informe al juez Peralta? ¿El que le dijo a esa pobre mujer que dejara de molestarlo, que su marido no estaba desaparecido sino que se había ido con alguien más joven y atractiva? ¿Tribunales de justicia? ¿De justicia? 5

Paulina empieza a reírse suavemente pero con una cierta histeria subterránea.

GERARDO: Paulina. Paulina, basta. Paulina. (*El la toma en sus bra-* 10 *zos. Ella se va calmando*) Tontita. Tontita linda, mi gata. (*Breve pausa*) ¿Y qué hubiera pasado si la panne la tienes tú? Tú ahí en el camino con los autos pasando, las luces pasando como un grito, sin que nadie te... Has pensado qué te podría haber...

PAULINA: Alguien me hubiera parado[1]. Probablemente el mismo. 15 ¿Miranda?

GERARDO: Más que probable. En eso se pasa[2]... rescatando[3] huérfanos[4] y amparando[5] doncellas.

PAULINA: ¿Como tú?

GERARDO: Almas gemelas[6]. 20

PAULINA: Debe ser simpático entonces.

GERARDO: Muy buena gente. Si no es por él... Lo invité para el domingo. ¿Te parece?

PAULINA: Bueno. Tuve miedo. Escuché un auto y no era el tuyo.

---

1 alguien me hubiera parado: irgendwer hätte schon angehalten
2 en eso se pasa: *etwa* damit verbringt er seine Zeit
3 rescatar: salvar
4 el/la huérfano/-a: niño/-a que ha perdido a sus padres
5 amparar a alg.: *lit.* proteger a alg.
6 las almas gemelas: Seelenverwandte

GERARDO: Pero no había peligro.

PAULINA: No. (*Pausa breve*). Gerardo. Ya le dijiste que sí al Presidente, ¿no es cierto? La verdad, Gerardo. ¿O vas a comenzar tu labor[1] en la Comisión con una mentira?

5 **GERARDO:** No quería hacerte daño.

PAULINA: Le dijiste que aceptabas, al Presidente. ¿No? ¿Antes de consultarme? (*Pausa breve*)

GERARDO: Sí. Ya le dije que sí. Antes de consultarte.

Bajan las luces.

→ *Tareas C*

---

1 la labor: el trabajo

Escena 2

Una hora más tarde. Nadie en escena. Sigue, más débil, la luz de la luna. Se escucha el ruido de un auto que se aproxima. Luego los focos iluminan el living, se apagan, se abre y cierra una puerta de automóvil. Suenan golpes en la puerta, primero tímidos, después más fuertes.

Una lámpara se enciende en off, desde el dormitorio de los Escobar, y   5
se apaga enseguida. Se escucha la voz de Gerardo en off.

GERARDO: Tranquila, Pau, tranquila. Nadie va a venir a… (*Suenan los golpes, aún más fuertes*) No tengo por qué… Está bien, amor, está bien, me voy a cuidar[1], ¿ya?

Entra Gerardo, en pijama. Prende[2] una lámpara.   10

GERARDO: Ya voy, ya voy. (*Va hasta la puerta y la abre. Afuera está Roberto Miranda*) Ah, eres tú.

ROBERTO: Me tienes que perdonar esta… Es que pensé que todavía estarías en pie[3] celebrando.

GERARDO: Adelante, por favor. (*Roberto entra a la casa*) Lo que   15
pasa es que uno todavía no se acostumbra.

ROBERTO: ¿Acostumbrarse?

GERARDO: A la democracia. Que llamen a tu puerta a la medianoche y sea un amigo y no…

Paulina sale a la terraza y se pone a escuchar. Los hombres no pueden   20
verla.

ROBERTO: Y no estos hijos de puta, ¿no?

---

1   me voy a cuidar: *etwa* ich bin ganz vorsichtig
2   prender: lat. *am.* encender
3   estar en pie: *loc.* auf den Beinen sein

GERARDO: Y mi mujer... está algo nerviosa y... Entenderás entonces que... tendrás que perdonarla si ella no viene a... Y si bajáramos la voz...

ROBERTO: Pero faltaba más[1], si yo...

5 **GERARDO:** Siéntate, por favor, toma asiento.

ROBERTO: Si vine sólo de paso, para... Pero sólo un minuto, sabes. Pero te preguntarás a qué se debe esta intempestiva[2]... Cuando iba a casa, no sé si te acuerdas que tenía la radio prendida, te acuerdas que...

10 **GERARDO:** Pero te sirves un traguito, ¿no? No te puedo ofrecer el famoso pisco sour que hace mi mujer... Pero yo tengo un cognac que traje de un viaje y que...

Paulina se acerca, escondida, para escuchar mejor.

ROBERTO: No, muchas gracias, yo... Bueno, un pocón[3], eso sí.

15 Así que tenía la radio prendida y... me quedé de una pieza[4], de repente tu nombre en el noticiario[5], la nómina de miembros de la Comisión Investigadora Presidencial, y dicen don Gerardo Escobar y me dije ese nombre me suena, pero dónde, quién, me quedó dando vueltas[6], y al llegar a casa me di cuenta de

20 quién se trataba y junto con eso me acordé de que yo me había quedado con tu neumático de repuesto en el portamaletas[7] de mi auto y que mañana ibas a tener que parcharlo y... Bueno, la verdad, la verdad, es que... ¿quieres saber la verdad?

GERARDO: Me encantaría saber la verdad.

---

1 faltaba más: *etwa* das ist doch selbstverständlich
2 la [visita] intempestiva: visita inesperada, inoportuna
3 un pocón: *chil.* un poco
4 quedarse de una pieza: estar muy sorprendido/-a
5 el noticiario: las noticias
6 me quedó dando vueltas: *etwa* ich hab' ihn [den Namen] nicht mehr aus dem Kopf gekriegt
7 el portamaletas: el maletero

ROBERTO: Pensé: tan importante lo que va a hacer este hombre, lo que este hombre hace por el país... para que este país se reconcilie[1], para que se acaben las divisiones[2] y odiosidades[3] del pasado. Vas a tener que recorrer todo el país recogiendo testimonios, ¿no?

5

GERARDO: Cierto, cierto, pero no es para...

ROBERTO: Y me dije, este hombre lo hace por nosotros, por mí, por todos, sacrificarse así... Y lo menos que yo puedo hacer es ir a dejarle el neumático[4] porque a esta punta no llega ni Cristo[5] y que no tenga él que perder el tiempo, pensé, que debe ser tan valioso[6]...

10

GERARDO: Pero por favor, hombre, me vas a hacer sentirme...

ROBERTO: Esta Comisión va a permitirnos cerrar un capítulo tan doloroso de nuestra historia, y me dije, estoy solo este fin de semana, tengo que ayudar... por pocón que sea...

15

GERARDO: Podrías haber esperado hasta mañana...

ROBERTO: ¿Y si tú te levantas de madrugada? Y cuando llegas a tu auto, no está el neumático de repuesto, ¿eh? ¿Y recién ahí[7] tienes que venir a buscarme? No, mi señor, tenía que traértelo y de paso decirte que me ofrezco para ir contigo mañana a parcharlo y luego con mi gata vamos a buscar tu auto... Oye, y tu gata, qué se hizo, averiguaste lo que...

20

GERARDO: Mi mujer se la prestó a su madre.

---

1 reconciliarse: *aquí* volver a la paz
2 las divisiones: *hier* Spaltung (der Gesellschaft)
3 la odiosidad: *aquí* el odio, la aversión
4 lo menos que yo puedo hacer es ir a dejarle el neumático: das Mindeste, was ich tun kann, ist hinfahren und ihm den Reifen bringen
5 a esta punta no llega ni Cristo: *etwa* hier draußen an der Küste gibt's ja nichts
6 valioso/-a: *aquí* importante
7 y recién ahí: *aquí* entonces, en ese momento

ROBERTO: ¿A su madre?

GERARDO: Tú sabes cómo son las mujeres…

ROBERTO (*riéndose*): ¡No lo voy a saber![1] El último misterio.
Vamos a penetrar todas las fronteras[2], mi amigo, y nos va a
5   quedar esa alma insondable[3] femenina. Sabes lo que escribió
Nietzsche… Por lo menos creo que fue Nietzsche. Que jamás
podremos poseer esa alma femenina. Y eso que el viejo Nietzsche nunca se encontró sin gata en el medio del camino por
culpa de una mujer.

10 GERARDO: Sin gata y sin neumático.

ROBERTO: Y sin neumático. Con mayor razón[4] entonces te acom-
paño y terminamos el operativo[5] en una mañana…

GERARDO: Pero estoy abusando de tu…

ROBERTO: Faltaba más. A mí me gusta ayudar a la gente, sabes…
15 Soy médico, creo que te dije, ¿no? Así que las emergencias son
para mí el pan de cada día. Claro que no sólo ayudo a la gente
importante, no creas…

GERARDO: Si hubieras sabido en lo que te estabas metiendo yo
creo que aceleras[6], ¿no?

20 ROBERTO (*se ríe*): A fondo[7]. No, en serio, no es ninguna molestia.
Es más bien un honor. La verdad la verdad, vine para felicitarte,
para decirte que… Esto es lo que le hace falta al país, saber de
una vez por todas la verdad…

---

1 no lo voy a saber: *etwa* das weiß ich nur zu gut
2 penetrar todas las fronteras: *etwa* die letzten Geheimnisse der Menscheit
    ergründen
3 insondable: misterioso/-a, imposible de comprender
4 con mayor razón entonces: *etwa* ein Grund mehr, dass ich…
5 el operativo: la acción, el trabajo
6 yo creo que aceleras: dann hättest du bestimmt Gas gegeben
7 a fondo: *hier* allerdings

GERARDO: Lo que al país le hace falta es justicia, pero si podemos establecer la verdad...

ROBERTO: Es lo mismo que digo yo. Aunque no podamos juzgar a esta gente, aunque se acojan[1] a esa aberración[2] de una amnistía... que se publiquen sus nombres, por lo menos...   5

GERARDO: Los nombres se mantienen en reserva[3], a la Comisión no le toca revelarlos...

ROBERTO: En este país todo se termina sabiendo[4]. Que sus hijos, que sus nietos vengan y les pregunten es verdad tú hiciste esto de que te acusan... y ellos tendrán que mentir, dirán que jamás,   10 yo no, dirán, son calumnias[5], es una conspiración comunista, qué sé yo qué estupidez dirán, pero se les notará en cada mirada y los mismos hijos, los nietos les tendrán pena y asco[6]. No es como meterlos en la cárcel pero...

GERARDO: Tal vez algún día...   15

ROBERTO: Nunca se sabe. Por ahí[7], si la gente se indigna[8], capaz de que[9] se pueda derogar[10] la ley de amnistía también.

GERARDO: A nuestra Comisión eso no nos compete[11]. Nosotros reunimos antecedentes, escuchamos testigos, averiguamos...

ROBERTO: Yo estoy por[12] matar a estos hijos de puta, pero veo...   20

---

1 acogerse a a/c: sich auf etw. berufen
2 la aberración: *etwa* Ungeheuerlichkeit, Verfehlung
3 en reserva: *aquí* en secreto
4 todo se termina sabiendo: *etwa* irgendwann kommt alles ans Licht
5 la calumnia: la mentira, la acusación falsa
6 tener asco a alg.: jdn verabscheuen
7 por ahí: *aquí* tal vez, a lo mejor
8 indignarse: enfadarse mucho
9 capaz de que: *lat. am.* tal vez
10 derogar (una ley): (ein Gesetz) aufheben, außer Kraft setzen
11 eso no nos compete: no podemos hacer eso
12 estar por a/c: estar a favor de a/c

GERARDO: Lamento tener que discrepar[1], Roberto, pero opino que la pena de muerte[2] no resuelve ningún…

ROBERTO: Vamos a tener que discrepar entonces, Gerardo. Hay gente que no merece estar viva. Pero a lo que iba[3] es que creo
5 que van a tener un problema más o menos serio…

GERARDO: Vamos a tener un montón de problemas serios. Para empezar, el Ejército nos va a hacer la contra[4] durante todo el… Ya le avisaron al Presidente que consideraban esta investigación un agravio[5], que era inaceptable que se estuvieran removiendo
10 las heridas del pasado[6]. Por suerte, siguió adelante, pero…

ROBERTO: En ese caso, capaz de que tengas razón y no se sepa finalmente quiénes son estos tipos, no ves que forman una especie de… cofradía[7], fraternidad.

GERARDO: Mafia.

15 **ROBERTO:** Eso. Una mafia. Nadie cuenta nada y se cubren las espaldas[8] entre todos, y si lo que dices es cierto entonces los militares no van a permitir a ninguno de sus hombres que vayan a declarar, y si ustedes los citan[9] van a decir que se vayan a la puta que los parió[10]… Así que quizás eso que dije de sus
20 hijos, sus nietos, quizás después de todo…

1 discrepar: tener otra opinión
2 la pena de muerte: Todesstrafe
3 pero a lo que iba…: aber worauf ich eigentlich hinauswollte…
4 hacer la contra a alg.: oponer resistencia a alg.
5 el agravio: el insulto, la ofensa
6 remover las heridas del pasado: *etwa* in den Wunden der Vergangeheit herumstochern
7 la cofradía: *hier* Geheimbund
8 cubrirse las espaldas entre todos: *etwa* sich gegenseitig decken
9 citar: *hier* vorladen
10 que se vayan a la puta que los parió: *vulg.* que se vayan al diablo

GERARDO: Quién sabe. El Presidente me adelantó[1]... Esto, en confianza, por cierto...

ROBERTO: Por cierto.

GERARDO: Me adelantó que hay gente que está dispuesta a declarar, en secreto, sabes, dándoseles todo tipo de garantías   5
de confidencialidad[2]. Y una vez que se larguen[3], una vez que comiencen a confesar, es increíble la cadena de nombres que va a salir... Como dijiste tú: en este país todo se termina sabiendo.

ROBERTO: Ojalá compartiera tu optimismo. Temo que haya cosas que no se van a saber nunca.   10

GERARDO: Estamos limitados, pero no tan limitados, mi amigo. Sanción moral, por lo menos, tendrá que haber... Ya que los tribunales...

ROBERTO: Dios te oiga[4]. Pero (*mira su reloj*)... por Dios, si son las dos de la mañana. Mira, vengo mañana a buscarte, digamos a   15
las... te parece bien las nueve, así...

GERARDO: ¿Y por qué no te quedas? Al menos que alguien te esté esperando en tu...

ROBERTO: Nadie.

GERARDO: Bueno, si estás solo.   20

ROBERTO: Por ahora. Mi mujer y los niños están de viaje. A Disneylandia se fueron... y como a mí me carga[5] viajar, y tengo mis pacientes que... preferí quedarme, tener tiempo para escuchar

---

1   adelantar a/c a alg.: decir a/c a alg.
2   la confidencialidad: Diskretion, Vertraulichkeit
3   una vez que se larguen: *aquí* cuando empiecen a hablar
4   Dios te oiga: *loc.* dein Wort in Gottes Ohr
5   cargar: *aquí* molestar, no gustar

mis cuartetos[1], mirar las olas. Pero a lo que vine es a ayudar y no ser una molestia. Mejor me voy y...

GERARDO: Faltaba más. Te quedas. Tenemos ropa de cama de más[2]. Estás... ¿qué?... a como media hora o más[3].

5 **ROBERTO:** Unos cuarenta minutos por el camino de la costa[4], y si me apuro[5]...

GERARDO: No hay más que hablar. Te quedas. Paulina va a estar encantada. Ya vas a ver, mañana nos prepara un rico desayuno...

10 **ROBERTO:** Bueno, eso del desayuno me termina de convencer, mira que ni leche tengo en la casa. Y la verdad la verdad es que estoy rendido[6]... ¿Y el baño?

Paulina rápidamente se va de la terraza hacia el dormitorio.

GERARDO: Por allá. ¿No sé si te hace falta algo más...? Un cepillo
15 de dientes es lo único que realmente no te puedo...

ROBERTO: Una de las cosas que nunca se comparten, mi amigo, es el cepillo de dientes.

Gerardo se ríe y luego sale hacia un lado y Roberto hacia el otro. Se escucha la voz de Gerardo en off.

20 **GERARDO:** M'hijita. Paulina, amor... Oye, amorosa, ¿me estás escuchando? Para que no te asustes[7], mi amor, Roberto Miranda, el doctor que me recogió en la carretera, se está

---

1 el cuarteto: Quartett (Musikstück für vier Stimmen)
2 la ropa de cama de más: Extrabettwäsche
3 estás a como media hora: du wohnst doch bestimmt eine halbe Stunde entfernt
4 por el camino de la costa: über die Küstenstraße
5 apurarse: *lat. am.* darse prisa
6 rendido/-a: muy cansado/-a
7 asustarse: sich erschrecken, einen Schreck bekommen

quedando a dormir acá porque mañana me va a acompañar a...
Mi amor, ¿me escuchas?

PAULINA (*también en off, aparentemente adormilada*): Sí, mi amor.

GERARDO: Es para que sepas. Es un amigo, ¿ya? Para que no tengas miedo. Mañana nos haces un rico desayuno...   5

Excepto el ruido del mar, silencio total.

→ *Tareas D*

Escena 3

*Han pasado algunos minutos. Una nube oscurece la luna. El ruido del
mar. Silencio. Aparece Paulina, vestida, en el living-comedor. Por la
luz de la luna se la ve ir hasta el cajón y sacar el revólver. Y vagamente
también se ve en sus manos lo que parecen ser medias de mujer[1]. Su*
5 *silueta cruza el living-comedor hasta la entrada al dormitorio donde
duerme Roberto. Espera un instante, escuchando. Entra. Pasan varios
instantes. Hay un ruido confuso, como de un golpe y un grito ahogado[2].
Después de un período de silencio, ella entra, vuelve a la puerta de
su dormitorio y lo cierra con llave. Vuelve al dormitorio de Miranda y*
10 *luego se ve su silueta que entra en escena arrastrando[3] algo que parece
ser un cuerpo y al que se identificará luego como Roberto Miranda.
Más ruidos. Ella levanta penosamente el cuerpo y lo ata[4] a una silla.
Vuelve al dormitorio de Roberto y retorna con lo que parece ser su cha-
queta, sacando un manojo de llaves[5] de adentro. Comienza a irse. Se*
15 *detiene. Vuelve al cuerpo de Miranda. Se saca los calzones[6] y se los
mete en la boca a Roberto.*

*Sale de la casa. Se escucha el motor del auto de Miranda y los focos
del auto que se prenden brevemente. Al barrer la escena brevemente[7],
antes de irse, vemos que efectivamente es Roberto Miranda quien*
20 *está atado en una de las sillas, totalmente inconsciente, y con la boca
amordazada[8]. Se va el auto. Oscuridad.*

→ *Tareas E*

---

1 las medias de mujer: Damenstrumpfhose
2 ahogado/-a: *hier* unterdrückt
3 arrastrar: schleppen, hinter sich herziehen
4 atar: anbinden, fesseln
5 el manojo de llaves: Schlüsselbund
6 los calzones: Schlüpfer, Slip
7 al barrer la escena: *etwa* als sie [die Scheinwerfer] das Zimmer erleuchten
8 con la boca amordazada: geknebelt

Escena 4

Está amaneciendo.

Roberto abre los ojos. Hace un esfuerzo por levantarse y se da cuenta de que está atado. Empieza a debatirse[1] desesperadamente. Paulina está frente a él con el revólver, recostada en un sofá. Roberto la mira despavorido[2].   5

PAULINA: Buenos días, Doctor... Miranda. Doctor Miranda. (*Toma el revólver y apunta a Roberto juguetonamente*)

¿Será algo[3] de los Miranda de San Fernando? Yo tuve una compañera de Universidad que se llamaba Miranda, Ana María Miranda, la Anita, bien habilosa[4], tenía una memoria, le   10
decíamos nuestra enciclopedita, ni sé qué habrá sido de ella[5], debe haber terminado de médico igual que usted, ¿no?... Yo no terminé la carrera, Doctor Miranda. A ver si adivina por qué nunca terminé mi carrera, por qué no me recibí[6]; estoy segura que no le va a costar mucho imaginarse las razones.   15

Por suerte estaba Gerardo, y él... bueno, no puedo decir realmente de que me estuviese esperando, pero digamos, sí, que me amaba... así que no tuve que volver a la Universidad a recibirme. Una suerte, porque le agarré... bueno, fobia no es la palabra exacta, resquemor... a la profesión[7]. Pero nada es defini-   20
tivo en la vida, dicen, y por ahí[8] me matriculo[9] de nuevo, o pido

---

1   debatirse: moverse, luchar por liberarse
2   despavorido/-a: con pánico, con mucho miedo
3   ¿Será algo de los Miranda de...?: *etwa* Sind Sie mit den Mirandas aus ... verwandt?
4   habiloso/-a: *lat. am.* inteligente, listo/-a
5   ni sé qué habrá sido de ella: ich weiß nicht einmal, was aus ihr geworden ist
6   recibirse: terminar la carrera con un diploma, licensiarse
7   le agarré resquemor a la profesión: *etwa* ich hatte einen inneren Widerstand gegen das Medizinstudium entwickelt
8   por ahí: *aquí* tal vez, a lo mejor
9   matricularse: inscribirse

mi reincorporación. Leí que estaban aceptando peticiones de
los exonerados[1]. Pero debe tener hambre y a mí me toca hacer
el desayuno, ¿no?, un rico desayuno. A usted le gusta... a ver,
jamón con mayonesa, creo, no es cierto, sandwiches de jamón
5   con uno de los panes untados en mayonesa, creo que eran... No
tenemos mayonesa, pero jamón sí, a Gerardo también le gusta
el jamón. Tiene que perdonarnos de que no tengamos mayonesa. Por el momento. Ya me voy a ir informando de sus otros
gustos. No tendrá inconveniente[2], supongo, que esto sea por
10   ahora un monólogo. Ya le daremos ocasión para que usted diga
lo suyo, doctor. Lo que pasa es que no quisiera sacarle esa...
mordaza[3], se llama, ¿no?... hasta que no despierte Gerardo. Tan
cansado el pobre, pero lo tendré que despertar dentro de poco.
¿Le dije que llamé a la grúa[4]? Deben estar por venir ya.

15 *Va hasta la puerta del dormitorio y la abre.*

La verdad verdad es que tiene aire de aburrido. ¿Qué le parece
si mientras yo les hago un rico desayuno... yo sí que tengo
leche... qué le parece algo de Schubert? ¿La Muerte y la Doncella? ¿Supongo que no le importará que le saqué la cassette de su
20   auto, Doctor?

*Va al tocacassettes y pone una cassette. Empieza a escucharse «La
Muerte y la Doncella» de Schubert.*

¿Sabe hace cuánto que no escucho este cuarteto? Trato, por
lo menos, de no escucharlo. Si lo ponen en la radio, lo apago,
25   incluso me cuido de salir demasiado[5], me excuso y Gerardo sale
solo. Si algún día lo nombran Ministro voy a tener que acom-
pañarlo. Una noche fuimos a cenar a casa de... eran personas
importantes, de esas con fotos en las páginas sociales... y la

---

1 el/la exonerado/-a: estudiante que ha sido expulsado/-a de la universidad
2 no tendrá inconveniente: es macht Ihnen sicher nichts aus
3 la mordaza: Knebel
4 la grúa: Kran; *hier* Abschleppdienst
5 me cuido de salir demasiado: no salgo mucho

anfitriona[1] puso Schubert, una sonata para piano, y yo pensé me levanto y la apago o simplemente me levanto y me voy, pero mi cuerpo decidió por mí, porque me sentí mareada[2], repentinamente enferma y tuvimos que partir con Gerardo, y ahí se quedaron los demás escuchando a Schubert sin saber lo que había causado mi mal. Así que rezo[3] que no vayan jamás a poner Schubert, extraño no, cuando era, y yo diría... sí, yo diría que sigue siendo mi compositor preferido, esa tristeza suave, noble... Pero siempre me prometí que llegaría un momento para recuperarlo[4]. Tantas cosas que quizás puedan cambiar a partir de ahora, ¿no? Estuve a punto de botar[5] todo el Schubert que tenía, fíjese qué locura, ¿no? Se me ocurre que ahora voy a poder empezar a escuchar de nuevo mi Schubert, ir a algún concierto de nuevo como solíamos hacerlo cuando... ¿Sabía que Schubert era homosexual? Pero claro que lo sabe, si fue usted el que me lo repitió una y otra vez, acá en el oído[6], mientras me tocaba justamente «La Muerte y la Doncella». Esta cassette que le encontré, ¿es la misma que usted me tocó, Doctor Miranda, o la va renovando[7] todos los años para que el sonido esté siempre... prístino[8]?

Va hasta la puerta del dormitorio y le dice a Gerardo.

Qué maravilla este cuarteto, ¿no, Gerardo?

Ella vuelve a su asiento. Después de un instante, entra Gerardo, adormilado.

---

1 el/la anfitrión/-ona: Gastgeber/in
2 sentirse mareado/-a: sentirse mal, enfermo/-a
3 rezar: pedir a Dios
4 recuperar a alg.: *hier* wiederentdecken
5 botar: *lat. am.* tirar a la basura
6 [susurrar] en el oído: ins Ohr [flüstern]
7 renovar: *hier* austauschen, ersetzen
8 prístino/-a: puro/-a, claro/-a

Buenos días, mi amor. Tienes que perdonarme de que todavía no esté listo el desayuno.

Al ver a Gerardo, Roberto hace esfuerzos desesperados por desatarse[1]. Gerardo mira la escena atónito[2].

5 **GERARDO:** ¡Paulina! Pero qué pasa acá, qué está… pero ¿qué locura es ésta? Roberto… Señor Miranda, yo…

Va hacia Roberto.

PAULINA: No lo toques.

GERARDO: ¿Qué?

10 **PAULINA** (*levantando el revólver*)**:** No lo toques.

GERARDO: Pero ¿qué está pasando acá, qué locura es…?

PAULINA: ¡Es él!

GERARDO: Deja inmediatamente ese…

PAULINA: Es él.

15 **GERARDO:** ¿Quién?

PAULINA: Es el médico.

GERARDO: ¿Cuál médico?

PAULINA: El que tocaba Schubert. (*Pausa breve*)

GERARDO: El que tocaba Schubert.

20 **PAULINA:** Ese médico.

GERARDO: ¿Cómo lo sabes?

PAULINA: Por la voz.

---

1 desatarse: liberarse, soltarse
2 atónito/-a: muy sorprendido/-a

GERARDO: Pero si tú estabas... Me dijiste que pasaste los dos meses...

PAULINA: Con los ojos vendados[1], sí. Pero podía oír... todo.

GERARDO: Estás enferma.

PAULINA: No estoy enferma. ⁵

GERARDO: Estás enferma.

PAULINA: Entonces estoy enferma. Pero puedo estar enferma y reconocer una voz. Y además cuando nos privan[2] de una facultad[3], otras se agudizan[4] a modo de compensación[5]. ¿O no, Doctor Miranda? ¹⁰

GERARDO: El recuerdo vago de una voz no es una prueba de nada, Paulina.

PAULINA: Es su voz. Se la reconocí apenas entró anoche[6]. Es su risa. Son sus modismos[7].

GERARDO: Pero eso no es... ¹⁵

PAULINA: Puede ser un pocón, pero a mí me basta. Todos estos años no ha pasado una hora que no la escuche, acá en mi oreja, acá con su saliva[8] en mi oreja, ¿crees que una se olvida así como así de una voz como ésa? (*Imitando la voz de un hombre*)

²⁰

«Dale más. Esta puta aguanta más. Dale más.»

«¿Seguro, Doctor? No se nos vaya a morir la huevona[9], oiga.»

---

1 con los ojos vendados: mit verbundenen Augen
2 privar a alg. de a/c: quitar a/c a alg.
3 la facultad: Fähigkeit; *hier* Sinn
4 agudizarse: schärfer werden
5 a modo de compensación: zum Ausgleich
6 anoche: ayer por la noche
7 el modismo: Redewendung
8 la saliva: Speichel, Spucke
9 la huevona: *vulg.* Schlampe

«Falta mucho para que se desmaye[1]. Dale más nomás.»

GERARDO: Paulina, te pido que por favor guardes[2] ese revólver.

PAULINA: No.

GERARDO: Mientras tú me estés apuntando[3], no hay conversación
5   posible.

PAULINA: Por el contrario, apenas[4] te deje de apuntar, la conversación se acaba. Porque ahí tú usas tu fuerza física superior[5] para
imponer tu punto de vista.

GERARDO: Paulina, te advierto que lo que estás haciendo es muy
10   grave.

PAULINA: Irreparable, ¿eh?

GERARDO: Irreparable, sí, puede ser irreparable. Doctor Miranda,
yo le ruego que nos disculpe... mi señora ha estado...

PAULINA: No te atrevas[6]. No te atrevas a pedirle perdón a esta
15   mierda humana.

GERARDO: Desátalo, Pau.

PAULINA: No.

GERARDO: Entonces lo voy a desatar yo.

Va hacia él. De repente, Paulina dispara[7], hacia abajo. Ella misma se
20   *muestra sorprendida. Gerardo salta hacia atrás, lejos de Roberto que,*
a su vez, se muestra desesperado.

---

1 desmayarse: das Bewusstsein verlieren, ohnmächtig werden
2 guardar: *hier* weglegen
3 apuntar a alg.: *hier* auf jdn zielen, die Waffe auf jdn richten
4 apenas: *aquí* cuando, tan pronto como
5 porque ahí tú usas tu fuerza física superior para...: *etwa* denn dann wirst du
    Gewalt anwenden um...
6 no te atrevas: wag' es ja nicht
7 disparar: schießen

No dispares. Pau, no vuelvas a disparar. Dame esa arma. (*Silencio*) No puedes hacer esto.

PAULINA: Hasta cuándo me dices lo que puedo y no puedo hacer, lo que puedo y no puedo. Lo hice.

GERARDO: ¿Se lo hiciste a este señor que la única falta que ha   5
cometido... de lo único de que podrías acusarlo ante los tribunales...?

A Paulina, le sale una risa entrecortada[1] y despectiva.

Sí, los tribunales, por corruptos que sean, por venales[2] y cobardes... lo único de que podrías acusarlo es de detenerse   10
en un camino donde yo estaba abandonado, y traerme a casa y después ofrecerse para ir a buscar...

PAULINA: Ah, se me olvidó decirte que la grúa va a llegar en cualquier momento. Aproveché para llamarlos del teléfono público de la carretera esta mañana cuando salí a esconder el auto de   15
tu buen Samaritano. Así que vístete. Deben estar a punto de llegar.

GERARDO: Te ruego, Paulina, que seamos razonables, que actuemos...

PAULINA: Tú serás razonable. A ti nunca te hicieron nada.   20

GERARDO: Me hicieron, claro que me hicieron, pero esto no es un concurso de horrores... no estamos compitiendo[3], carajo. Mira, aun si[4] este hombre fuera el médico de que hablas, no lo es, no tiene por qué serlo, pero digamos que fuera... aun en ese caso, con qué derecho lo tienes de esta manera. Pero Paulina   25

---

1   una risa entrecortada: una risa corta
2   venal: käuflich, bestechlich
3   competir (e→i): im Wettkampf stehen, wetteifern
4   aun si: selbst wenn

fíjese en lo que está haciendo, en las consecuencias de actuar de esta…

Se escucha el motor de una camioneta afuera. Paulina corre hasta la puerta, la abre y grita.

5 **PAULINA:** ¡Ya va, ya va! (*Cierra la puerta con llave y se dirige a Gerardo.*) Vístete pronto, es la grúa. Afuera está el neumático. Y también bajé[1] su gata.

GERARDO: Le estás robando la gata, ¿eh?

PAULINA: Así podemos dejarle a mamá la nuestra.

10 *Breve pausa.*

GERARDO: ¿No has pensado que podría dar aviso a la policía?

PAULINA: No creo. Tienes demasiada confianza en tus poderes persuasivos[2]. Y además tú sabes que si se asoma[3] por acá la policía le meto un balazo en el cerebro[4] a este doctor, ¿no? Lo
15 sabes, ¿no? (*Pausa breve*) Y después me pego yo un tiro…[5]

GERARDO: Paulineta linda… Paulineta linda. Estás… irreconocible[6]. ¿Cómo es posible que estés así?

PAULINA: Explíquele a mi marido, Doctor Miranda, qué me hizo usted para que yo estuviera tan… loca.

20 **GERARDO:** ¿Me puedes decir de una vez qué es lo que piensas hacer, Paulina?

---

1 bajar: *aquí* coger
2 los poderes persuasivos: Überzeugungskraft
3 asomarse: aparecer, venir
4 le meto un balazo en el cerebro: *etwa* dann knall' ich ihn ab
5 pegarse un tiro: sich erschießen
6 estás irreconocible: *etwa* du bist nicht wiederzuerkennen

PAULINA: No yo. Los dos. Lo vamos a juzgar[1], Gerardo. Vamos a juzgar al Doctor Miranda. Tú y yo. ¿O lo va a hacer tu famosa Comisión Investigadora?

Bajan las luces.

Fin del primer acto.   5

→ *Tareas F*

---

1   juzgar a alg.: über jdn richten

SEGUNDO ACTO

Escena 1

Pasado el mediodía.

Roberto todavía en la misma posición, Paulina de espaldas a él mirando hacia el ventanal y el mar, meciéndose[1] lentamente mientras habla.

5 **PAULINA:** Y cuando me soltaron[2]... ¿sabe dónde fui? Donde mis
   padres no podía[3]... en ese tiempo yo había roto relaciones con
   ellos, eran tan promilitares, a mi mamá la veía muy de vez
   en cuando[4]... Qué cosa, no, que le esté contando todo esto a
   usted, como si fuera mi confesor[5]. Cuando hay cosas que nunca
10   le conté a Gerardo, ni a mi hermana, ni menos a mi mamá...
   mientras que a usted le puedo decir exactamente lo que me
   pasa, lo que me pasaba por la cabeza cuando me soltaron. Esa
   noche estaba..., bueno, ¿para qué describir cómo estaba, doctor, si usted me inspeccionó a fondo[6] antes de que me soltaran?
15   Estamos bien, así, ¿no? Como un par de viejos tomando sol en
   un banco de la plaza.

Roberto hace un gesto, como que quiere hablar o soltarse.

   ¿Tiene hambre? No es para tanto[7]. Tendrá que aguantarse[8]
   hasta que vuelva Gerardo.

---

1 mecerse: sich wiegen
2 soltar (o→ue) a alg.: poner en libertad a alg.
3 donde mis padres no podía: *etwa* zu meinen Eltern konnte ich nicht
4 muy de vez en cuando: muy pocas veces
5 el confesor: Beichtvater
6 inspeccionar a alg. a fondo: jdn gründlich untersuchen
7 no es para tanto: *loc.* no importa
8 aguantarse: durchhalten

Imitando la voz de un hombre.

«¿Tenís[1] hambre? ¿Querís[2] comer? Yo te voy a dar de comer, m'hijita rica, yo te voy a dar algo sustancioso y bien grande para que te olvidís[3] del hambre.» (*Su propia voz*) De Gerardo usted no sabe nada... Quiero decir que nunca supo. Yo nunca solté[4] el nombre. Sus colegas. Me preguntaban: «Cómo una hembra   5
así[5], con una raja[6] tan rica, cómo vai[7] a estar sin un hombre... Si alguien tiene que estar tirándosela[8], señorita. Díganos quién se la está tirando». Pero yo nunca solté el nombre de Gerardo. Lo que son las cosas.

Si yo menciono[9] a Gerardo, seguro que usted no comete el error   10
garrafal[10] de venir anoche a sonsacarle[11] información. Para eso, vino, ¿no? Aunque la verdad verdad es que si yo menciono a Gerardo él no estaría nombrado a esa comisión investigadora sino que otro abogado estaría investigando su caso. Y yo iría a declarar a esa comisión y contaría que a Gerardo lo conocí asi-   15
lando[12] gente... metiéndolos a las embajadas, a eso me dediqué yo en los días después del golpe. Entonces[13] yo estaba dispuesta a todo, increíble que no tuviera miedo a nada en ese tiempo. Pero en qué estaba yo... Ah, le estaba contando acerca de esa noche. Esa noche, igual que usted me puse a golpear en la   20
puerta y cuando Gerardo finalmente me abrió, se veía un poco alterado, el pelo lo tenía...

1   tenís: *chil.* tienes
2   querís: *chil.* quieres
3   olvidís: *chil.* olvides
4   soltar (o→ue): *aquí* revelar, decir
5   cómo una hembra así: *vulg. etwa* so geil, wie du aussiehst
6   la raja: *vulg.* el culo
7   vai: *chil.* vas
8   tirarse a alg.: *vulg.* es mit jdm treiben
9   si yo menciono: *aquí* si yo hubiera mencionado
10   el error garrafal: grober Fehler
11   sonsacar a/c a alg.: jdm etw. entlocken
12   asilar a alg.: *aquí* ayudar a oponentes de la dictadura
13   entonces: *hier* damals

(Se oye el sonido de un auto, que se detiene afuera. Después, una puerta de auto que se abre y se cierra. Paulina va a la mesa y toma el revólver en su mano. Entra Gerardo.)

¿Cómo te fue con el auto? Fue fácil parchar el…

GERARDO: Paulina. Me vas a escuchar.

PAULINA: Claro que te voy a escuchar. ¿Acaso no te he escuchado siempre?

GERARDO: Siéntate. Quiero que te sientes y quiero que me escuches, que verdaderamente me escuches. (*Paulina se sienta*) Tú sabes que yo me he pasado la vida defendiendo el estado de derecho. Si algo me ha reventado[1] del régimen militar…

PAULINA: Diles fascistas, no más.

GERARDO: ¡No me interrumpas! Si algo me ha reventado de ellos es que acusaron a tantos hombres y mujeres, hicieron de juez y parte[2] y acusadores y ejecutores y no les dieron a quienes condenaron la más mínima garantía, la posibilidad de defenderse. Aunque este hombre haya cometido los peores crímenes del universo, tiene derecho a defenderse.

PAULINA: Pero yo no le voy a negar ese derecho, Gerardo. Te voy a dar todo el tiempo del mundo para que consultes[3] con tu cliente[4], a solas. Estaba esperando que llegaras tú para darle a esto un comienzo oficial. Puedes sacarle esa…

(Le hace un gesto a Gerardo. Mientras Gerardo le desata el pañuelo[5] a Roberto, Paulina indica la grabadora)

---

1 reventar a alg.: *aquí* enfadar, indignar
2 la parte [pública]: *hier* Staatsanwalt
3 consultar con alg.: hablar
4 el cliente: *hier* Mandant
5 desatar el pañuelo: *hier* den Knebel aus dem Mund nehmen

Queda avisado[1] que todo lo que diga va a quedar grabado acá.

GERARDO: Por Dios, Paulina, cállate de una vez. Deja hablar a...

Pausa breve. Paulina echa a andar la grabadora.

ROBERTO (*carraspea[2], luego con voz ronca y baja*)**:** Agua.

GERARDO: ¿Qué?   5

PAULINA: Quiere agua, Gerardo.

*Gerardo corre a llenar un vaso con agua y se lo trae a Roberto, dándo-
selo a beber. Se lo bebe entero.*

PAULINA: Rica el agua, ¿no? Mejor que tomarse su propio pichí[3],
en todo caso.   10

ROBERTO: Señor Escobar. No tiene perdón este abuso[4]. Realmente no tiene perdón de Dios.

PAULINA: Momento. Momento. No diga ni una palabra más, doctor. Vamos a ver si está grabando.

(Toca unos botones y luego se escucha la voz de Roberto.) Voz de 15
Roberto en la grabadora.

Señor Escobar. No tiene perdón este abuso. Realmente no tiene
perdón de Dios.

Voz de Paulina en la grabadora.

Momento. Momento. No diga una palabra más, doctor.   20
Vamos a...

Paulina para la grabadora.

---

1   queda avisado que...: es sei darauf hingewiesen, dass...
2   carraspear: sich räuspern
3   el pichí: *fam.* la orina, el pipí
4   el abuso: *hier* Übergriff

PAULINA: Bueno. Ya tenemos una declaración sobre el perdón. El
Doctor Miranda opina que no tiene perdón, ni perdón de Dios,
atar a alguien contra su voluntad por unas horas, dejar a esa
persona sin habla por un par de horas. Estamos de acuerdo.
5 ¿Algo más? (*Toca otro botón.*)

ROBERTO: Señora, yo no la conozco. No la he visto antes en mi
vida. Puedo sí decirle que usted está muy enferma. Pero usted,
Señor Escobar, no está enfermo, señor. Usted es un abogado,
un defensor de los derechos humanos, un opositor al gobierno
10 militar, como lo he sido yo toda mi vida, usted es responsable
de lo que hace y lo que debe hacer ahora es desatarme de inmediato[1]. Quiero que sepa que cada minuto que pasa sin que usted
me libere lo hace más y más cómplice[2] y tendrá que pagar las
consecuencias de…

15 PAULINA (*se le acerca con el revólver*): ¿A quién está amenazando?

ROBERTO: Yo no estaba…

PAULINA: Sí, está amenazando. Entendamos algo de una vez,
doctor. Aquí se acabaron las amenazas. Allá afuera puede que
manden ustedes todavía, pero aquí, por ahora, mando yo. ¿Se
20 entiende?

Pausa.

ROBERTO: Tengo que ir al baño.

PAULINA: ¿Mear[3] o cagar[4]?

GERARDO: ¡Paulina! Señor Miranda, nunca en su vida ella habló
25 de esta…

---

1 de inmediato: ahora mismo, enseguida
2 el cómplice: Mittäter
3 mear: *vulg.* pissen
4 cagar: *vulg.* scheißen, kacken

PAULINA: Vamos, Doctor, ¿cómo es la cosa? ¿Por adelante o por detrás?

ROBERTO: Parado[1].

PAULINA: Desátalo, Gerardo. Yo lo llevo.

GERARDO: ¿Pero cómo lo vas a llevar tú? Lo llevo yo.   5

PAULINA: Yo voy con él. No me mires así. No es la primera vez que va a sacar su cosa en mi presencia, Gerardo. Vamos, doctor, levántese. No quiero que se mee en mi alfombra.

→ *Tareas G*

Gerardo suelta las amarras[2]. Con lentitud y dolor, Roberto va cojeando[3] hacia el baño, con Paulina apuntándole. Después de unos instantes, 10
se escucha el ruido de la meada y luego el wáter[4]. Mientras tanto, Gerardo corta[5] la grabadora y se pasea nerviosamente. Paulina vuelve con Roberto.

PAULINA: Amárralo[6]. (*Él lo hace*) Más fuerte, Gerardo.

GERARDO: Paulina, tengo que hablar contigo.   15

PAULINA: ¿Y quién te lo está impidiendo[7]?

GERARDO: A solas[8].

PAULINA: No veo por qué tenemos que hablar a espaldas del Doctor Miranda. Ellos discutían todo en mi presencia...

---

1   parado: *hier* im Stehen
2   soltar (o→ue) las amarras (de alg.): desatar a alg.
3   cojear: andar con dificultad
4   el wáter: *hier* Toilettenspülung
5   cortar: apagar
6   amarrar a alg.: atar a alg.
7   impedir a alg. hacer a/c: jdn daran hindern etw. zu tun
8   a solas: *hier* unter vier Augen

GERARDO: Paulina linda, por favor. Te ruego que no seas tan difícil. Te quiero hablar donde nadie nos puede oír.

Salen a la terraza. Durante la conversación de ellos, Roberto va a ir tratando de zafarse[1] de sus ataduras, lentamente lográndolo con las
5 *piernas.*

GERARDO: Bueno. ¿Qué es lo que pretendes? ¿Qué pretendes, mujer, con esta locura?

PAULINA: Ya te dije, juzgarlo.

GERARDO: Juzgarlo, juzgarlo... Pero ¿qué significa eso, juzgarlo?
10 Nosotros no podemos usar los métodos de ellos. Nosotros somos diferentes. Buscar vengarse[2] de esta...

PAULINA: No es una venganza. Pienso darle todas las garantías que él no me dio a mí. Ni él ni ninguno de sus... colegas.

GERARDO: Y a ellos también los vas a traer hasta acá y los vas a
15 amarrar y los vas a juzgar y...

PAULINA: Para eso, tendría que disponer de sus nombres, ¿no?

GERARDO: ... y después los vas a...

PAULINA: ¿Matarlos? ¿Matarlo a él? Como él no me mató a mí, se me ocurre que no sería procedente[3] que...

20 **GERARDO:** Qué bueno saberlo, Paulina, porque si piensas matarlo, me vas a tener que matar a mí también. Te lo juro que vas a tener que...

PAULINA: Pero cálmate. No tengo la menor intención de matarlo. Y menos a ti... Claro que, para variar, no me crees.

---

1 zafarse: liberarse, desatarse
2 vengarse: sich rächen
3 procedente: oportuno/-a, conveniente

GERARDO: ¿Pero entonces qué vas a hacerle? Lo vas a qué entonces, lo vas a… Y todo esto porque hace quince años atrás a ti te…

PAULINA: A mí me… Qué cosa, Gerardo. Termina. (*Breve pausa*) Nunca quisiste decirlo. Dilo ahora. A mí me…   5

GERARDO: Si tú no quisiste decirlo, ¿cómo iba a hacerlo yo?

PAULINA: Dilo ahora.

GERARDO: Sólo sé lo que me dijiste esa primera noche… cuando…

PAULINA: Dilo. A mí me…   10

GERARDO: A ti te…

PAULINA: A mí me…

GERARDO: Te torturaron. Ahora dilo tú.

PAULINA: Me torturaron. ¿Y qué más? (*Pausa breve*) ¿Qué más me   15
hicieron, Gerardo?

Gerardo va hacia ella, la toma en brazos.

GERARDO (*susurrándole[1]*): Te violaron.

PAULINA: ¿Cuántas veces?

GERARDO: Muchas.   20

PAULINA: ¿Cuántas?

GERARDO: Nunca me dijiste. Perdí la cuenta, dijiste.

PAULINA: No es cierto.

GERARDO: ¿Qué es lo que no es cierto?

PAULINA: Que hubiese perdido la cuenta. Sé exactamente cuántas   25
veces. (*Pausa breve*). Y esa noche, Gerardo, cuando… empecé

---

1   susurrar: hablar en voz muy baja

a contarte, ¿qué juraste hacer? ¿Te acuerdas qué juraste hacer
con ellos si los encontrabas? (*Silencio*). Dijiste: «Algún día, mi
amor, vamos a juzgar a todos estos hijos de puta. Vas a poder
pasear tus ojos»... – recuerdo exactamente esa frase, me pare-
5   ció, como poética – «pasear tus ojos por la cara de cada uno de
ellos mientras escuchan tus acusaciones. Te lo juro.» Dime a
quién recurro ahora[1], mi amor.

GERARDO: Fue hace quince años.

PAULINA: ¿Ante quién acuso a este médico, ante quién, Gerardo?
10   ¿Ante tu Comisión?

GERARDO: Mi Comisión. ¿De qué Comisión me estás hablando?
Con tus locuras, vas a terminar imposibilitando todo el trabajo
de investigación que pretendíamos. Voy a tener que renunciar[2]
a ella.

15 **PAULINA:** Siempre tan melodramático. Supongo que no irás a
usar ese tono de melodrama cuando hables a nombre de la
Comisión.

GERARDO: ¿Pero eres sorda? Te acabo de decir que voy a tener
que renunciar.

20 **PAULINA:** No veo por qué.

GERARDO: Tú no ves por qué, pero todo el resto del país va a ver
por qué y especialmente los que no quieren que se investigue
nada van a ver por qué. Uno de los miembros de la Comisión
Presidencial a cargo de investigar la violencia de estos años y
25   que tiene que dar muestras de moderación y ecuanimidad[3]...

PAULINA: ¡Nos vamos a morir de tanta ecuanimidad!

---

1 dime a quién recurro ahora: sag' du mir, an wen ich mich jetzt wenden soll
2 renunciar a algo: auf etw. verzichten, *hier* (den Kommissionsvorsitz)
     ausschlagen
3 dar muestras de moderación y ecuanimidad: *etwa* Ruhe und Besonnenheit
     an den Tag legen

GERARDO: Y objetividad, que uno de sus miembros haya permitido que secuestren, amarren y atormenten en su casa a un ser humano indefenso... Tú sabes cómo los diarios que sirvieron a la dictadura me van a crucificar, van a usar este episodio para menoscabar[1] y quizás terminar con la Comisión. (*Pausa breve*) ¿Quieres que esos tipos vuelvan al poder otra vez? ¿Quieres que tengan tanto miedo de que vuelvan para sentirse seguros de que no los vamos a lastimar[2]? ¿Eso quieres? ¿Que vuelvan los tiempos en que esos tipos decidían nuestra vida y nuestra muerte? Suéltalo, Paulina. Pídele disculpas y suéltalo. Es un hombre – parece por lo que hablé con él -, es un hombre democrático que...

PAULINA: Ay, m'hijito, por favor, cómo te meten el dedo en la boca[3]... Mira. No quiero hacerte daño y menos quiero hacerle daño a la Comisión. Pero ustedes en la Comisión se entienden sólo con los muertos, con los que no pueden hablar. Y resulta que yo sí puedo, hace años que no hablo ni una palabra, que no digo ni así de lo que pienso, que vivo aterrorizada de mi propia... pero no estoy muerta, pensé que estaba enteramente muerta pero estoy viva y sí que tengo algo que decir... así que déjame hacer lo mío y tú sigue tranquilo con la Comisión. Yo te puedo prometer que este enjuiciamiento[4] no les va a afectar, nada de esto se va a saber.

GERARDO: No se va a saber siempre que[5] este señor se desista[6] de hacer declaraciones cuando lo sueltes. Si es que lo sueltas. Y aun en ese caso, yo tengo que renunciar de todas maneras, y mientras antes, mejor.

---

1   menoscabar: dañar, desacreditar, difamar
2   lastimar: *aquí* juzgar
3   cómo te meten el dedo en la boca: *etwa* wie sie dich hinters Licht führen
4   el enjuiciamiento: el proceso
5   siempre que... (+ *subj.*): vorausgesetzt, dass...
6   desisitir de hacer a/c: dejar de hacer a/c, renunciar a a/c

PAULINA: ¿Tienes que renunciar aunque no se sepa?

GERARDO: Sí.

Pausa.

PAULINA: Por la loca de tu mujer[1], que antes era loca porque no
5 podía hablar y ahora es loca porque puede hablar, ¿por eso
tienes que...?

GERARDO: Entre otras cosas, sí, si tanto te interesa la verdad.

PAULINA: La verdad verdad, ¿eh? (*Pausa breve*) Espérate un
momento.

10 *Va a la otra pieza y encuentra a Roberto a punto de zafarse. Apenas
la ve, él se paraliza. Paulina lo vuelve a atar, mientras imposta[2] la voz.*

«¿Que no te gusta nuestra hospitalidad? ¿Querís irte tan
pronto, huevona? Afuera no vai a gozar como habís gozado[3] acá
con tu negro. ¿Me vai a echar de menos?»

15 *Paulina empieza lentamente a recorrer[4] el cuerpo de Roberto, con
sus manos, casi como haciéndole cariños. Se levanta asqueada[5], casi
vomitando. Vuelve a la terraza.*

PAULINA: No sólo le reconozco la voz, Gerardo. (*Pausa breve*)
También le reconozco la piel. El olor. Le reconozco la piel.
20 (*Pausa*) Y si yo pudiera probarte sin lugar a dudas de que este
doctor tuyo es culpable... de todas maneras ¿quieres que lo
suelte?

GERARDO: Sí. (*Pequeña pausa*) Con más razón si es culpable. No
me mires así. Imagínate que todos actuaran como lo haces tú.

---

1 la loca de tu mujer: tu mujer loca
2 impostar la voz: imitar la voz de otra persona
3 habís gozado: *chil.* has gozado
4 recorrer: *hier* (mit den Händen) erkunden, abtasten
5 asqueado/-a: angeekelt

Tú satisfaces tu propia obsesión, castigas por tu cuenta[1], te quedas tranquila mientras los demás se van a la... todo el proceso, la democracia, se va a ir a la mierda[2]...

PAULINA: ¡Nada se va a la mierda! ¡No se va a saber!

GERARDO: La única manera de garantizar eso es que lo mates y   5
ahí la que se va a ir a la mierda eres tú y yo contigo. Suéltalo, Paulina, por el bien del país, por el bien nuestro.

PAULINA: ¿Y el bien mío? Mírame... Mírame.

GERARDO: Mírate, ay amor, mírate. Te quedaste presa[3] de ellos, todavía estás presa[4] en ese sótano[5] en que te tenían. Durante   10
quince años no has hecho nada con tu vida. Nada. Mírate, tenemos la oportunidad de comenzar de nuevo, de respirar. ¿No es hora de que...?

PAULINA: ¿Olvide? Me estás pidiendo que olvide.

GERARDO: Que te liberes de ellos, Paulina, eso es lo que te estoy   15
pidiendo.

PAULINA: ¿Y a él lo dejamos libre para que vuelva en unos años?

GERARDO: Lo dejamos libre para que no vuelva nunca más.

PAULINA: Y lo vemos en el Tavelli y le sonreímos y él nos presenta a su señora y le sonreímos y comentamos lo lindo que está el   20
día y...

GERARDO: No tienes para qué sonreírle, pero sí, de eso se trata. Empezar a vivir, sí.

Pausa breve.

---

1   por tu cuenta: auf eigene Verantwortung
2   irse a la mierda: *vulg.* den Bach runtergehen
3   te quedaste presa de ellos: *etwa* du warst ihre Gefangene
4   preso/-a: gefangen
5   el sótano: *hier* Kellerloch

PAULINA: Mira, Gerardo, qué te parece un compromiso.

GERARDO: No sé de qué estás hablando.

PAULINA: Un compromiso, una negociación. ¿No es así como se
ha hecho esta transición[1]? ¿A nosotros nos dejan tener demo-
5   cracia, pero ellos se quedan con el control de la economía y las
fuerzas armadas[2]? ¿La Comisión puede investigar crímenes
pero los criminales no reciben castigo? ¿Hay libertad para
hablar de todo siempre que no se hable todo? (*Pausa breve*)
Para que veas que no soy tan irresponsable ni tan... enferma, te
10   propongo que lleguemos a un acuerdo. Tú quieres que yo a este
tipo lo suelte sin hacerle daño, y yo lo que quiero... ¿te gustaría
saber lo que quiero yo?

GERARDO: Me encantaría saberlo.

PAULINA: Cuando escuché su voz anoche, lo primero que pensé,
15   lo que he estado pensando todos estos años, cuando tú me
pillabas[3] con una mirada que me decías que era... abstracta,
decías, ida[4], ¿no? ¿Sabes en lo que pensaba? En hacerle a ellos
lo que me hicieron a mí, minuciosamente[5]. Especialmente a él,
al médico... Porque los otros eran tan vulgares, tan... pero él
20   ponía Schubert, él me hablaba de cosas científicas, hasta me
citó a Nietzsche una vez.

GERARDO: Nietzsche.

PAULINA: Me horrorizaba de mí misma... pero era la única
manera de conciliar el sueño[6], de salir contigo a una cena en
25   que me preguntaba siempre si alguno de los presentes no
sería... quizá no la exacta persona que me... torturó, pero...

---

1 la transición: *etwa* Wendezeit, Übergangszeit nach der Diktatur
2 las fuerzas armadas: Streitkräfte
3 pillar a alg.: *aquí* sorprender a alg., descubrir a alg.
4 ido/-a: *hier* entrückt
5 minuciosamente: exactamente
6 conciliar el sueño: dormirse

y yo, para no volverme loca y poder hacer la sonrisa de Tavelli que me dices que tengo que seguir haciendo, bueno, iba
imaginándome meterles la cabeza en un balde[1] con sus propios
orines o pensaba en la electricidad, o cuando hacemos el amor
y a mí me estaba a punto de dar el orgasmo, era inevitable que   5
pensara en... y entonces yo tenía que simularlo, simularlo, para
que tú no te sintieras...

GERARDO: Ay, mi amor, mi amor.

PAULINA: Así que cuando escuché su voz, pensé lo único que yo
quiero es que lo violen, que se lo tiren[2], eso es lo que pensé, que   10
sepa aunque sea una vez lo que es estar... (*Pausa breve*) Y que
como yo no iba a poder hacerlo... pensé que ibas a tener que
hacerlo tú.

GERARDO: No sigas, Paulina.

PAULINA: Enseguida me dije que sería difícil que tú colaboraras.   15

GERARDO: No sigas, Paulina.

PAULINA: Así que me pregunté si no podía utilizar una escoba...
Sí, Gerardo, un palo de escoba[3]. Pero me di cuenta de que no
quería algo tan... físico, y ¿sabes a qué conclusión llegué, qué es
lo único que quiero? (*Pausa breve*) Que confiese. Que se siente   20
a la grabadora y cuente todo lo que hizo, no sólo conmigo, todo,
todo... y después lo escriba de su puño y letra[4] y lo firme y yo
me guardo una copia para siempre..., con pelos y señales[5], con
nombres y apellidos. Eso es lo que quiero.

Pausa breve.   25

GERARDO: El confiesa y tú lo sueltas.

---

1   el balde: Eimer
2   tirarse a alg.: *vulg.* violar a alg.
3   el palo de escoba: Besenstiel
4   escribir a/c de su puño y letra: etw. eigenhändig schreiben
5   con pelos y señales: con todos los detalles

PAULINA: Yo lo suelto.

GERARDO: ¿Y no necesitas nada más que eso?

PAULINA: Nada más. (*Gerardo no contesta durante una pausa breve*) Así podrás seguir en la Comisión. Teniendo su confe-
⁵ sión, estamos a salvo¹, él no se atreverá a mandar a uno de sus matones² a...

GERARDO: ¿Y tú esperas que yo te crea que lo vas a soltar después que confiese? ¿Y esperas que te crea él?

PAULINA: No veo que ninguno de los dos tenga otra alternativa.
¹⁰ Mira, Gerardo, a gente de esta calaña³ hay que darle miedo. Dile que estoy preparándome para matarlo. Dile que por eso escondí el auto. Que la única manera de disuadirme⁴ es que confiese. Dile eso. Dile que nadie sabe que él vino acá anoche, que nadie va a poder encontrarlo jamás. A ver si con eso lo convences.

¹⁵ **GERARDO:** ¿Que yo lo convenza?

PAULINA: Creo que es una tarea más grata⁵ que tener que tirár-selo, ¿no?

GERARDO: Hay un solo problema, Paulina. ¿Qué pasa si no tiene nada que confesar?

²⁰ **PAULINA:** Si no confiesa, lo voy a matar. Dile que si no confiesa, lo voy a matar.

GERARDO: Pero ¿qué pasa si no es culpable?

PAULINA: No tengo apuro⁶. Dile que yo lo puedo tener aquí durante meses. Hasta que confiese.

---

1 estar a salvo: *hier* auf der sicheren Seite sein
2 el matón: Schläger, Killer
3 de esta calaña: de este tipo, de esta clase
4 disuadir a alg.: hacer a alg. que cambie su opinión
5 grato/-a: agradable
6 tener apuro: tener prisa

GERARDO: Paulina, me estas escuchando. ¿Qué puede confesar si no es culpable?

PAULINA: ¿Si no es culpable? (*Pausa breve*) Ahí sí que se jodió[1].

Bajan las luces.

Nota: Si el director siente que la obra necesita un intermedio (dividiéndose en dos partes o actos), este es el lugar más adecuado para que haya ese intermedio.

→ *Tareas H*

---

[1]   ahí si que se jodió: *vulg. etwa* dann ist alles im Arsch

Escena 2

La hora del almuerzo.

Están sentados Gerardo y Roberto, todavía atado pero con las manos por delante, frente a frente, en la mesa del living. Gerardo está sirviendo unos platos de sopa caliente. Paulina se encuentra instalada lejos de
5 *ellos en la terraza frente al mar. Ella puede ver pero no oírlos, Roberto y Gerardo se quedan unos instantes mirando la comida. (Silencio)*

GERARDO: ¿Tiene hambre, Doctor Miranda?

ROBERTO: Por favor, trátame de tú.

GERARDO: Prefiero tratarlo de usted, como si fuera mi cliente. Va
10 a facilitar mi tarea. Creo que debería comer algo.

ROBERTO: No tengo hambre.

GERARDO: Déjeme que le ayude... *(Llena una cuchara con sopa. Lo alimenta con la cuchara, como a un bebé. Va sirviéndolo, durante la conversación que sigue, y también sirviéndose él de su plato.)*

15 **ROBERTO:** Está loca. Perdone, Gerardo, pero su señora...

GERARDO: ¿Pan?

ROBERTO: No, gracias. *(Pausa breve)* Debería buscar tratamiento psiquiátrico para...

GERARDO: Para ponerlo de una manera brutal, Doctor, usted
20 viene a ser su terapia[1]. *(Le va limpiando la boca a Roberto con una servilleta)*

ROBERTO: Me va a matar.

GERARDO (*sigue alimentándolo*)**:** A menos que[2] usted confiese, lo va a matar.

---

1 usted viene a ser su terapia: *etwa* Sie sind so etwas wie ihre Therapie
2 a menos que... (+*subj.*): si no...

ROBERTO: Pero qué es lo que voy a confesar, qué voy a poder confesar si yo...

GERARDO: No sé, Doctor Miranda, si está informado de que los servicios de inteligencia[1] del régimen anterior contaron con la colaboración de médicos para sus sesiones de tortura...   5

ROBERTO: El Colegio Médico[2] se impuso[3] de esas situaciones, y fueron denunciadas y, hasta dónde se pudo, investigadas.

GERARDO: A ella se le ha metido en la cabeza que usted es uno de esos médicos. Si usted no tiene cómo desmentirlo[4]...

ROBERTO: Desmentirlo, ¿cómo? Tendría que cambiar mi voz,   10 probar que esta no es mi voz... Si lo único que me condena es la voz, no hay otra prueba, no hay nada que...

GERARDO: Y su piel. Ella habla de su piel.

ROBERTO: ¿Mi piel?

GERARDO: Y su olor.   15

ROBERTO: Son fantasías de una mujer enferma. Cualquier hombre que hubiese entrado por esa puerta...

GERARDO: Desafortunadamente, entró usted.

ROBERTO: Mire, Gerardo, yo soy un hombre tranquilo. Lo que me gusta es quedarme en mi hogar, o venir a mi casa en la playa,   20 no molestar a nadie, sentarme frente al mar, leer un buen libro, escuchar música...

GERARDO: ¿Schubert?

---

1 el servicio de inteligencia: Geheimdienst
2 el Colegio Médico: *etwa* Ärztekammer
3 imponerse de a/c: informarse de a/c
4 si usted no tiene como desmentirlo: si usted no puede demostrar que esto es falso

ROBERTO: Schubert, no tengo por qué avergonzarme. También me gusta Vivaldi, y Mozart, y Telemann. Y tuve la pésima ocurrencia[1] de traer «La Muerte y la Doncella» a la playa. Mira, Gerardo, yo estoy metido en esto sólo porque me diste pena abandonado ahí en la carretera moviendo los brazos como loco... mira, a ti te toca sacarme de aquí.

GERARDO: Lo sé.

ROBERTO: Me duelen los tobillos[2], las manos, la espalda. No podrías...

GERARDO: Roberto... yo quiero ser franco contigo. Hay un solo modo de salvarte. (*Pausa breve*) A mi mujer hay que... darle en el gusto[3].

ROBERTO: ¿Darle en el gusto?

GERARDO: Consentirla, que ella sienta que estamos, que tú estás dispuesto a colaborarle, a ayudar.

ROBERTO: No veo cómo podría yo colaborarle, dadas las condiciones en que me...

GERARDO: Darle en el gusto, que ella crea que tú...

ROBERTO: Que yo...

GERARDO: Ella me ha prometido que basta con una... confesión tuya.

ROBERTO: ¡No tengo nada que confesar!

GERARDO: Tendrás que inventar algo entonces, porque no va a perdonarte si no...

---

1 la pésima ocurriencia: la mala idea
2 el tobillo: Knöchel
3 dar en el gusto a alg.: *chil.* jdm nachgeben

ROBERTO (*alza la voz, indignado*[1]): No tiene nada que perdonarme. Yo no hice nada y no voy a confesar nada ni colaborar
en nada. En nada, entiendes. (*Al escuchar la voz de Roberto,
Paulina se levanta de su sitio y empieza a dirigirse hacia los dos
hombres.*) En vez de estar proponiéndome estas soluciones   5
absurdas, deberías estar convenciendo a la loca de tu mujer de
que no siga con este comportamiento criminal. Si sigue así va
a arruinar tu carrera brillante y ella misma va a terminar en la
cárcel o el manicomio[2]. Díselo. ¿O acaso[3] eres incapaz de poner
orden en tu propio hogar?   10

GERARDO: Roberto, yo...

ROBERTO: Esto ya ha llegado a límites intolerables...

Entra Paulina desde la terraza.

PAULINA: ¿Algún problema, mi amor?

GERARDO: Ninguno.   15

PAULINA: Los vi un pocón... alterados[4]. (*Pausa breve*) Veo que
terminaron la sopa. No se puede decir que no sé cocinar, ¿no?
¿Cumplir mis funciones domésticas? ¿Quieren un cafecito?
Aunque creo que el Doctor no toma café. Le estoy hablando,
Doctor... ¿acaso su madre nunca le enseñó modales[5]?   20

ROBERTO: A mi madre no la meta en esto. Le prohíbo que men-
cione a mi madre.

Pausa breve.

---

1   indignado/-a: empört
2   el manicomio: Irrenanstalt
3   acaso: a lo mejor, tal vez
4   alterado/-a: nervioso/-a, excitado/-a
5   enseñarle modales a alg.: jdm Benehmen beibringen

PAULINA: Tiene toda la razón. Su madre no tiene nada que ver en todo esto. No sé por qué los hombres insisten en insultar a la madre de alguien, concha de su madre[1], dicen, en vez de decir...

GERARDO: Paulina, te ruego que por favor vuelvas a salir para que yo pueda seguir mi conversación con el Doctor Miranda.

PAULINA: Claro que sí. Los dejo solitos para que arreglen el mundo.

Paulina comienza a salir. Se da vuelta.

PAULINA: Ah, si él quiere mear, me avisas, ¿eh, mi amor...?

Sale al mismo sitio que ocupó antes.

ROBERTO: Está realmente loca.

GERARDO: A los locos con poder hay que consentirlos, Doctor. Y en su caso, lo que ella necesita es una confesión suya para...

ROBERTO: ¿Pero para qué?, ¿para qué le puede servir a ella una...?

GERARDO: Yo creo que entiendo esa necesidad suya porque es una necesidad que tiene el país entero. De eso hablábamos anoche. La necesidad de poner en palabras lo que nos pasó.

ROBERTO: ¿Y tú?

GERARDO: ¿Y yo qué?

ROBERTO: ¿Y tú qué vas a hacer después?

GERARDO: ¿Después de qué?

ROBERTO: ¿Tú le crees, no es cierto? ¿Tú crees que yo soy culpable?

GERARDO: ¿Si yo te creyera culpable, estaría yo acá tratando de salvarte?

---

1 concha de su madre: *chil. vulg.* hijo de puta, mal nacido

ROBERTO: Estás confabulado[1] con ella. Desde el principio. Ella es la mala y tú haces de bueno.

GERARDO: ¿Qué quieres decir con eso de…?

ROBERTO: Repartiéndose los roles, en el interrogatorio, ella la mala, tú el bueno. Y después el que me va a matar eres tú, es ⁵ lo que haría cualquier hombre bien nacido[2], al que le hubieran violado la mujer, es lo que haría yo si me hubieran violado a mi mujer… así que dejémonos de farsas[3]. Te cortaría las huevas[4]. (*Pausa. Gerardo se levanta*) ¿Dónde vas? ¿Qué vas a hacer?

GERARDO: Voy a buscar el revólver y te voy a pegar un tiro. (*Pausa ¹⁰ breve. Cada vez más enojado*) Pero pensándolo bien, voy a seguir tu consejo y te voy a cortar las huevas, fascista desgraciado[5]. Eso es lo que hacen los verdaderos machos ¿no? Los hombres de verdad verdad le meten un balazo[6] al que los insulta y se violan a las mujeres cuando están atadas a un catre[7], ¿no? ¹⁵ No como yo. Yo soy un pobre abogado maricón amarillo[8] que defiende al hijo de puta que hizo mierda a mi mujer… ¿Cuántas veces, hijo de puta? ¿Cuántas veces te la culeaste[9]?

ROBERTO: Gerardo, yo…

GERARDO: Nada de Gerardo acá… ojo por ojo, acá, diente por ²⁰ diente acá… ¿No es esa nuestra filosofía?

ROBERTO: Era una broma, era sólo…

---

1   confabular con alg.: *etwa* mit jdm unter einer Decke stecken
2   bien nacido/-a: wohlerzogen, *hier* anständig
3   dejémosnos de farsas: dejemos de hacer teatro
4   te cortaría las huevas: *vulg.* ich würde dir die Eier abschneiden
5   desgraciado/-a: *hier* armselig
6   meterle un balazo a alg.: *fam.* jdm eine Kugel verpassen
7   el catre: Pritsche
8   un pobre abogado maricón amarillo: *etwa* ein armseliger feiger Winkeladvokat
9   culearse a alg.: *chil. vulg.* tener sexo con alg.

GERARDO: Pero ¿para qué ensuciarme las manos con un maricón como vos… cuando hay alguien que te tiene muchas más ganas que yo? La llamo ahora mismo, que ella se dé el placer de volarte los sesos de un balazo[1].

5 **ROBERTO:** No la llames.

GERARDO: Estoy cansado de estar en el medio, entre los dos. Arréglatelas[2] tú con ella, convéncela tú.

ROBERTO: Gerardo, tengo miedo.

Pausa breve.

10 **GERARDO** (*se da vuelta y cambia de tono*)**:** Yo también tengo miedo.

ROBERTO: No dejes que me mate. (*Pausa breve*) ¿Qué le vas a decir?

GERARDO: La verdad. Que no quieres colaborar.

15 **ROBERTO:** Necesito saber qué hice, no te das cuenta de que no sé qué tengo que confesar. Lo que yo le diga tendría que coincidir con[3] su experiencia. Si yo fuera ese hombre, sabría todo, todo, pero como no sé nada… Si me equivoco, capaz de que[4] ella me… necesitaría tu ayuda, necesitaría que tú me… que me
20 contaras lo que ella espera…

GERARDO: ¿Te das cuenta que me estás pidiendo que engañe a mi mujer?

ROBERTO: Le estoy pidiendo que salve la vida de un hombre inocente, Señor Escobar. (*Pausa breve*) ¿Usted me cree, no es
25 cierto? Sabe que yo soy inocente, ¿no?

---

1 volar los sesos a alg. de un balazo: *fam.* jdm das Hirn wegpusten
2 arreglárselas con alg.: *fam.* mit jdm fertig werden
3 coincidir con a/c: mit etw. übereinstimmen, zu etw. passen
4 capaz de que: *chil.* a lo mejor, tal vez

GERARDO: ¿Tanto le importa lo que yo piense?

ROBERTO: ¿Cómo no me va a importar? Usted es la sociedad, no ella. Usted es la Comisión Presidencial, no ella.

GERARDO (*meditativo, apesadumbrado*[1]): Ella no, claro… ¿Qué importa lo que piense ella, no? (*Se levanta bruscamente y empieza a retirarse.*)   5

ROBERTO: ¿Dónde va? ¿Qué le va a decir?

GERARDO: Le voy a decir que tienes que mear.

Bajan las luces.

Fin del segundo acto.   10

→ *Tareas I*

---

1   apesadumbrado/-a: triste

TERCER ACTO

Escena 1

Está atardeciendo. Gerardo y Paulina están afuera, en la terraza frente al mar. Gerardo tiene una grabadora. Roberto adentro, atado.

PAULINA: No entiendo por qué.

GERARDO: Necesito saber.

5 **PAULINA:** ¿Por qué?

Pausa breve.

GERARDO: Te quiero, Paulina. Necesito saberlo de tus labios. No es justo que después de tantos años quien me lo diga sea él. No sería... tolerable.

10 **PAULINA:** En cambio si yo te lo digo ¿es... tolerable?

GERARDO: Más tolerable que si me lo dice primero él.

PAULINA: Ya te lo conté una vez, Gerardo. ¿No te bastó?

GERARDO: Hace quince años me empezaste a contar y después...

PAULINA: No te iba a seguir contando frente a esa puta, ¿no?
15 Apareció esa puta, saliendo de tu dormitorio medio desnuda preguntándote por qué estabas tardando tanto, no iba a...

GERARDO: No era puta.

PAULINA: ¿Sabía ella dónde estaba yo? (*Pausa breve*) Sabía, claro que sabía. Una puta. Acostarse con un hombre cuando su mujer
20 no estaba precisamente en condiciones de defenderse, ¿no?

GERARDO: No vamos a empezar con esto de nuevo, Paulina.

PAULINA: Tú empezaste.

GERARDO: Cuántas veces te lo tengo que… Llevaba dos meses tratando de ubicarte[1]. Ella pasó a verme, dijo que podía ayudar. Nos tomamos unos tragos y… por Dios, yo también soy humano.   5

PAULINA: Mientras yo te defendí, mientras tu nombre no salió de mi boca. Pregúntale, pregúntale a Miranda si yo siquiera te mencioné una vez, mientras que tú…

GERARDO: Ya me perdonaste, ya me perdonaste, ¡hasta cuando! Nos vamos a morir de tanto pasado, nos vamos a sofocar[2] de   10 tanto dolor y recriminación. Terminemos la conversación que interrumpimos hace quince años, cerremos este capítulo de una vez por todas, terminémosla de una vez y no volvamos a hablar de esto nunca más.

PAULINA: Borrón y cuenta nueva[3], ¿eh?   15

GERARDO: Borrón no, cuenta nueva sí. ¿O vamos a estar pagando una y otra y otra vez la misma cuenta? Hay que vivir, gatita, vivir, hay tanto futuro que nos…

PAULINA: ¿Y qué querías? ¿Que te hablara frente a ella? ¿Que te dijera, me violaron, pero yo no dije tu nombre, frente a ella, que   20 yo te lo…? ¿Cuántas veces?

GERARDO: ¿Cuántas veces qué?

PAULINA: ¿Cuántas veces le hiciste el amor? ¿Cuántas?

GERARDO: Paulina…

PAULINA: ¿Cuántas?   25

GERARDO: Mi amor.

---

1   ubicar a alg.: buscar, localizar a alg.
2   sofocarse de/con a/c: *fig.* an etw. ersticken
3   borrón y cuenta nueva: *loc.* Schwamm drüber

PAULINA: ¿Cuántas? Yo te cuento, tú me cuentas.

GERARDO (*desesperado, sacudiéndola*[1] *y después abrazándola*):
Paulina, Paulina, Paulina. ¿Me quieres destruir? ¿Eso quieres?

PAULINA: No.

5 GERARDO: Lo vas a conseguir. Lo vas a conseguir y vas a quedarte
sola en un mundo en que yo no exista, en que no me vas a tener
más. ¿Eso es lo que quieres?

PAULINA: Quiero saber cuántas veces hiciste el amor con esa
puta.

10 GERARDO: No sigas, Paulina. No digas ni una palabra más.

PAULINA: La habías visto antes, ¿no? No fue esa la primera noche.
Gerardo, la verdad, necesito saber la verdad.

GERARDO: ¿Aunque nos destruya?

PAULINA: Tú me cuentas, yo te cuento. ¿Cuántas veces, Gerardo?

15 GERARDO: Dos veces.

PAULINA: Esa noche. ¿Y antes?

GERARDO (*muy bajo*): Tres.

PAULINA: ¿Qué?

GERARDO (*más fuerte*): Tres veces antes.

20 PAULINA: ¿Tanto te gustó? (*Pausa*) Y a ella le gustó, ¿no? Le tiene
que haber gustado si volvió...

GERARDO: ¿Te das cuenta de lo que me estás haciendo, Paulina?

PAULINA: ¿Irreparable?

---

1 sacudir a alg.: jdn schütteln

GERARDO (*desesperado*): ¿Pero qué más quieres? ¿Qué más quieres de mí? Sobrevivimos la dictadura, la sobrevivimos, y ahora ¿nos vamos a destruir, vamos a hacernos tú y yo lo que estos desgraciados[1] fueron incapaces de hacernos?

PAULINA: No.   5

GERARDO: ¿Quieres que me vaya? ¿Eso quieres? ¿Que salga por esa puerta y no vuelva nunca más?

PAULINA: No.

GERARDO: Lo vas a conseguir. Uno también se puede morir de demasiada verdad. (*Pausa*) ¿Me quieres destruir? Me tienes en 10 tus manos como si fuera un bebé, indefenso[2], en tus manos, desnudo. ¿Me quieres destruir? ¿Me vas a tratar como tratas al hombre que te...?

PAULINA: No.

GERARDO: ¿Me quieres...?   15

PAULINA (*susurrando*): Te quiero vivo. Te quiero adentro mío, vivo. Te quiero haciéndome el amor y te quiero en la Comisión defendiendo la verdad y te quiero en mi Schubert que voy a recuperar[3] y te quiero adoptando un niño conmigo...

GERARDO: Sí, Paulina, sí, mi amor.   20

PAULINA: Y te quiero cuidar minuto a minuto como tú me cuidaste a mí a partir de esa...

GERARDO: Nunca vuelvas a mencionar a esa puta noche. Si sigues y sigues con esa noche, me vas a destruir, Paulina. ¿Eso quieres?

---

1 el desgraciado: *pey.* Schuft, Schwein
2 indefenso/-a: wehrlos, hilflos
3 recuperar a/c: *fig.* etw. zurückerobern

PAULINA: No.

→ *Tareas J*

GERARDO: ¿Me vas a contar entonces?

PAULINA: Sí.

GERARDO: ¿Todo?

5 **PAULINA:** Todo. Te lo voy a contar todo.

GERARDO: Así... así vamos a salir adelante[1]... Sin escondernos nada, juntos, como hemos estado estos años, así, ¿sin odio? ¿No es cierto?

PAULINA: Sí.

10 **GERARDO:** ¿No te importa que te ponga la grabadora?

PAULINA: Pónmela.

Gerardo pone la grabadora.

GERARDO: Como si estuvieras frente a la Comisión.

PAULINA: No sé cómo empezar.

15 **GERARDO:** Empieza con tu nombre.

PAULINA: Me llamo Paulina Salas. Ahora estoy casada con el abogado don Gerardo Escobar pero en ese tiempo...

GERARDO: Fecha...

PAULINA: El 6 de abril de 1975, yo era soltera. Iba por la calle San
20 Antonio...

GERARDO: Lo más preciso que puedas...

---

1 salir adelante: weiterkommen, Fortschritte machen

PAULINA: A la altura de Huérfanos, cuando escuché detrás mío[1] un... tres hombres se bajaron de un auto, me encañonaron[2], si habla una palabra le volamos[3] la cabeza, señorita, uno de ellos me escupió las palabras en el oído. Tenía olor a ajo[4]. No me sorprendió que tuviera ese olor sino que a mí me importara, que me fijara en eso, que pensara en el almuerzo[5] que él acababa de comerse, que estaba digiriendo[6] con todos los órganos que yo había estudiado en mi carrera en Medicina. Después me reproché[7] a mí misma, tuve mucho tiempo en realidad para pensarlo, yo sabía que en esas circunstancias había que gritar, que la gente supiera que me agarraron[8], gritar mi nombre, soy Paulina Salas, me están secuestrando, que si uno no pega ese grito en ese primer momento ya te derrotaron[9], y yo agaché el moño[10], me entregué[11] a ellos sin protestar, me puse a obedecerlos demasiado pronto. Siempre fui demasiado obediente toda mi vida.

Empiezan a bajar las luces.

El Doctor no estaba entre ellos. Con el Doctor Miranda me tocó por primera vez tres días más tarde cuando... Ahí lo conocí.

Bajan más las luces y la voz de Paulina sigue en la oscuridad.

Al principio, yo pensé que él podía salvarme. Era tan suave, tan buena gente, después de lo que me habían hecho los otros. Y entonces escuché, de repente, el cuarteto de Schubert. (*Se empieza a escuchar el segundo movimiento de «La Muerte y la*

---

1 detrás mío: detrás de mí
2 encañonar a alg.: amenazar a alg. con una pistola
3 volar: *hier* wegpusten
4 tener olor a ajo: nach Knoblauch riechen
5 el almuerzo: la comida
6 digerir (e→ie, i): verdauen
7 reprocharse a/c: sich etw. vorwerfen
8 agarrar a alg.: jdn ergreifen, *hier* jdn entführen
9 ya te derrotaron: *etwa* dann bis du erledigt
10 agachar el moño: *hier* sich fügen
11 entregarse a alg.: sich jdm ergeben

Doncella».) No saben lo que es, escuchar esa música maravillosa en aquella oscuridad, cuando hace tres días que no comes, cuando tienes el cuerpo hecho tira[1], cuando...

Se escucha en la oscuridad la voz de Roberto.

5 **VOZ DE ROBERTO:** Ponía música porque eso ayudaba al rol que me tocaba hacer, el rol del bueno, que le dicen, ponía Schubert para que me tomaran confianza. Pero también porque era un modo de aliviarles[2] el sufrimiento. Tienen que creerme que yo pensé que era un modo de aliviarles el sufrimiento a los deteni-
10 dos. No sólo la música, sino que todo lo que yo hacía. Así me lo propusieron a mí cuando comencé.

Suben las luces como si fuera la luna la que ilumina. Es de noche. Está Roberto frente a la grabadora confesándose. Ya no se escucha el Schubert.

15 **ROBERTO:** Los detenidos se les estaban muriendo[3], necesitaban a alguien que los atendiera[4], alguien que fuera de confianza. Yo tengo un hermano, miembro de los servicios de seguridad. Tienes la oportunidad de pagarle[5] a los comunistas lo que le hicieron a papá, me dijo una noche – a mi papá le había dado
20 un infarto cuando le tomaron[6] el fundo[7] en Las Toltecas. Quedó paralítico[8] – mudo[9], con los ojos me interrogaba, como preguntándome qué había hecho yo para vengarlo. Pero no fue por eso que yo acepté. Fue por razones humanitarias. Estamos en guerra, pensé, ellos me quieren matar a mí y a los míos, ellos
25 quieren instalar acá una dictadura totalitaria, pero de todos

---

1 tener el cuerpo hecho tira: *etwa* grün und blau geschlagen
2 aliviar el sufrimiento a alg.: hacer que alg. sufra menos
3 se les estaban muriendo: *etwa* sie starben ihnen weg
4 atender a alg.: cuidar de alg., ocuparse de alg.
5 pagarle a/c a alg.: *hier* jdm etw. heimzahlen
6 tomar: *hier* wegnehmen
7 el fundo: *chil.* Landgut
8 paralítico/-a: gelähmt
9 mudo/-a: stumm

modos tienen derecho a que algún médico los atienda. Fue de a pocón[1], casi sin saber cómo, que me fueron metiendo en cosas más delicadas[2], me hicieron llegar a unas sesiones donde mi tarea era determinar si los detenidos podían aguantar la tortura, especialmente la corriente[3]. Al principio me dije que con eso les estaba salvando la vida y es cierto, puesto que muchas veces les dije, sin que fuera así, que si seguían se les iban a morir, pero después empecé a... poco a poco, la virtud[4] se fue convirtiendo en algo diferente, algo excitante... y la máscara de la virtud se me fue cayendo y la excitación me escondió, me escondió, me escondió lo que estaba haciendo, el pantano[5] de lo que estaba... y cuando me tocó atender a Paulina Salas ya era demasiado tarde. Demasiado tarde...

Empiezan a bajar las luces.

... Demasiado tarde. Empecé a brutalizarme, me empezó a gustar de verdad verdad. Se convierte en un juego. Te asalta[6] una curiosidad entre morbosa[7] y científica. ¿Cuánto aguantará ésta? ¿Aguantará más que la otra? ¿Cómo tendrá el sexo? ¿Tendrá seco el sexo? ¿Es capaz de tener un orgasmo en estas condiciones? Puedes hacer lo que quieras con ella, está enteramente bajo tu poder, puedes llevar a cabo todas las fantasías.

Bajan más las luces y sigue la voz de Roberto en la semioscuridad, con la luz de la luna sobre la grabadora.

Todo lo que te han prohibido desde siempre, todo lo que tu madre te susurraba que nunca hicieras, empiezas a soñar con ella, con ellas de noche. Vamos, doctor, me decían, no va a

---

1   de a pocón: *chil.* poco a poco
2   delicado/-a: *hier* heikel
3   la corriente: la electricidad
4   la virtud: Tugend, *hier* gute Absichten
5   el pantano: *fig.* Sumpf
6   asaltar a alg.: *fig.* jdn ergreifen
7   morboso/-a: perverso/-a

rehusar[1] carne gratis, ¿no? Eso me lo decía un tipo que llama-
ban… el Fanta se llamaba, nunca supe su nombre verdadero.
Les gusta, Doctor… si a todas estas putas les gusta y si además
usted les pone esa musiquita tan bonita que les pone, seguro
que se le acurrucan[2] más todavía. Esto me lo decía frente a las
mujeres, frente a Paulina Salas me lo dijo, y yo finalmente, y yo
finalmente… pero nunca se me murió ninguna…

Vuelven a subir las luces y está amaneciendo. Roberto, desamarrado,
escribe en una hoja de papel las palabras que salen de su voz desde la
grabadora, mientras Gerardo y Paulina escuchan. Frente a él hay un
montón de hojas escritas.

VOZ DE ROBERTO (*desde la grabadora*)**:** Nunca se murió ni una
de las mujeres, ni uno de los hombres a los que me tocó… asesorar[3]. Fueron, en total, cerca de 94 los presos a los que atendí,
además de Paulina Salas. Es todo lo que puedo decir. Pido que
se me perdone…

Gerardo corta la grabadora, mientras Roberto escribe.

ROBERTO: Que se me perdone…

Gerardo pone de nuevo la grabadora.

VOZ DE ROBERTO: Y que esta confesión sirva de prueba de mi
arrepentimiento[4] y que tal como el país se está reconciliando[5]
en paz (*Gerardo corta la grabadora*).

GERARDO: Tal como el país se está reconciliando en paz. ¿Lo
escribió?

Gerardo vuelve a poner la grabadora.

---

1 rehusar: rechazar
2 acurrucarse: *hier* gefügig werden
3 asesorar a alg.: aconsejar a alg., *aquí* cuidar de alg.
4 el arrepentimiento: Reue
5 reconciliarse: sich versöhnen

VOZ DE ROBERTO: ... Se me permita vivir el resto de mis días... con mi terrible secreto. No puede haber peor castigo que el que me impone la voz de mi conciencia.

Gerardo corta la grabadora.

ROBERTO (*mientras escribe*)**:** ... castigo... conciencia. (*Gerardo*   5
corta la grabadora. Hay un momento de silencio) ¿Y ahora?
¿Quiere que firme?

PAULINA: Ponga ahí que esto lo escribe de su propia voluntad, sin
presiones de ninguna especie.

GERARDO: Eso no es cierto.   10

PAULINA: ¿Quiere que lo presione de verdad, Doctor?

*Roberto escribe un par de frases más, se las muestra a Gerardo, que
mueve la cabeza afirmativamente.*

PAULINA: Ahora puede firmar.

Roberto lo firma. Paulina mira la firma, recoge los papeles, saca la   15
*cassette de la grabadora, pone otra cassette, aprieta un botón, escucha
la voz de Roberto.*

VOZ DE ROBERTO: Ponía música porque eso ayudaba al rol que
me tocaba hacer, el rol del bueno, que le dicen, ponía Schubert
para que me tomaran confianza. Pero también porque era un   20
modo de aliviarles el sufrimiento...

GERARDO: Por favor, Paulina. Basta.

VOZ DE ROBERTO: Tienen que creerme que yo pensé que era
un modo de aliviarles el sufrimiento a los detenidos. No sólo la
música, sino que todo lo que yo hacía...   25

GERARDO (*aprieta un botón, interrumpiendo la voz de Roberto en
la cassette-granadora*)**:** Este asunto está terminado.

PAULINA: Casi terminado, sí.

GERARDO: No te parece que sería hora…

PAULINA: Tienes toda la razón. Tenemos un acuerdo. (*Paulina va hasta la ventana y se queda un rato mirando las olas, respirando profundamente*) Y pensar que me pasaba horas así, al amane-
5   cer, tratando de distinguir, tan tan lentamente las cosas que la marea[1] había dejado atrás[2] durante la noche, mirándolas y preguntándome qué serían, si iban a ser arrastradas[3] de nuevo por el mar. Y ahora… Y ahora… Tan generosos que son los ama-neceres en el mar después de una tormenta, tan libres que son
10   las olas cuando…

GERARDO: ¡Paulina!

PAULINA (*dándose vuelta*)**:** Cierto. Me alegra ver que sigues siendo un hombre de principios. Pensé, ahora que sabes que de veras[4] es culpable, pensé que yo iba a tener que convencerte de que no
15   lo mataras.

GERARDO: No soy como él.

PAULINA (*tirándole las llaves del auto a Gerardo*)**:** Anda a buscarle el auto.

Breve pausa.

20 **GERARDO:** ¿Y a él lo dejo acá solo contigo?

PAULINA: ¿No te parece que tengo edad como para saber cui-darme?

Breve pausa.

GERARDO: Está bien, está bien, voy a buscar el auto… Cuídate.

25 **PAULINA:** Tú también.

---

1 la marea: Flut, Hochwasser
2 dejar atrás a/c: etw. zurücklassen, *hier*: etw. anspülen
3 arrastrar: *hier* wegspülen
4 de veras: realmente

Va hasta la puerta.

PAULINA: Una cosa más, Gerardo. Devuélvele la gata.

GERARDO (*tratando de sonreír*)**:** Y tú devuélvele el Schubert. Tienes tu propia cassette. (*Pausa breve*) Cuídate.

PAULINA: Y tú también.   5

Sale. Paulina lo mira. Roberto va desatándose los tobillos.

ROBERTO: Si me permite, señora, quisiera ir al baño. ¿Supongo que usted no tiene para qué seguir acompañándome?

PAULINA: No se mueva, Doctor. Nos queda todavía un pequeño asunto pendiente[1]. (*Pausa breve*) Va a ser un día increíblemente   10
hermoso. ¿Sabe lo único que me hace falta ahora, Doctor, para que este día sea de verdad verdad perfecto? (*Pausa breve*) Matarlo. Para que yo pueda escuchar mi Schubert sin pensar que usted también lo va a estar escuchando, que va a estar ensuciando[2] mi día y mi Schubert y mi país y mi marido. Eso es   15
lo que me hace falta...

ROBERTO (*se levanta bruscamente*)**:** Señora, su marido partió confiado... Usted dio su palabra, señora.

PAULINA: Es cierto. Pero cuando di mi palabra, me quedaba un pocón de duda de que usted de veras fuera ese hombre. Porque   20
Gerardo tenía razón. Pruebas, lo que se dicen pruebas... bueno, por ahí[3] me podía haber equivocado, ¿no? Pero sabía que si usted confesaba, si lo escuchaba confesarse... Y cuando lo escuché, las últimas dudas se me esfumaron[4], y me di cuenta de que no iba a poder vivir tranquila si no lo mataba. (*Le apunta con el*   25

---

1 el asunto pendiente: offene Frage, noch zu regelnde Angelegenheit
2 ensuciar: *fig.* beschmutzen, beflecken
3 por ahí: *aquí* tal vez, a lo mejor
4 esfumarse: desparecer

revólver) Tiene un minuto para rezar[1] y arrepentirse[2] de veras, Doctor.

ROBERTO: Señora, señora… no lo haga. Soy inocente.

PAULINA: Está confeso[3], Doctor.

5 **ROBERTO:** La confesión, señora… La confesión es falsa.

PAULINA: ¿Cómo que es falsa?

ROBERTO: Mi confesión la fabricamos, la inventé…

PAULINA: A mí me pareció sumamente verídica[4], dolorosamente familiar…

10 **ROBERTO:** Su marido me indicó lo que tenía que escribir, algo inventé yo… algo inventé, pero la mayoría me lo sugirió[5] él a partir de lo que él sabía que le había pasado a usted, una fabricación para que usted me soltara, él me convenció que era la única manera de que no me matara y yo tuve que… usted sabe 15 cómo, bajo presión, uno dice cualquier cosa, pero soy inocente, señora, por Dios que está en el cielo le…

PAULINA: No invoque a Dios, Doctor, cuando está tan cerca de comprobar si existe o no. El que sí existe es el Fanta.

ROBERTO: Señora, qué es lo que…

20 **PAULINA:** Varias veces en su confesión usted menciona al Fanta, ese tipo grande, fornido[6], se comía las uñas[7], no es cierto, no sé cómo tendría la cara. De lo que pude darme cuenta es que se comía esas uñas de mierda.

---

1 rezar: beten
2 arrepentirse (e→ie, i): bereuen, *hier* Reue zeigen
3 estar confeso/-a: geständig sein
4 verídico/-a: auténtico/-a, real, verdadero/-a
5 sugerir (e→ie, i): proponer
6 fornido/-a: fuerte, robusto/-a
7 comerse la uñas: an den Fingernägeln kauen

ROBERTO: Yo no conocí nunca a ningún señor que se llamara así. El nombre me lo dio su marido, todo lo que dije se lo debo a la ayuda de su marido... Pregúntele cuando él vuelva. Él le puede explicar.

PAULINA: Él no tiene nada que explicar. Yo sabía que él iba a hacer ⁵ eso, para salvarle la vida a usted, para protegerme a mí, para que yo no lo matara, yo sabía que él utilizaría mi confesión para armar¹ la suya. El es así. Siempre piensa que es más inteligente que los demás, siempre piensa que tiene que estar salvando a alguien. No lo culpo, Doctor. Es porque me quiere. Nos menti- ¹⁰ mos porque nos queremos. El me engañó a mí para salvarme. Yo lo engañé a él para salvarlo. Pero gané yo. El nombre que le mencioné a mi marido fue el del Chanta, el Chanta, a propósito, un nombre equivocado² para ver si usted lo corregía. Y usted lo corrigió, Doctor, usted corrigió el nombre del Chanta y puso ¹⁵ el Fanta y si fuera inocente no tendría cómo haber sabido el nombre verdadero de esa bestia.

ROBERTO: Le digo que fue su marido el que me... Escuche. Por favor escúcheme. Primero dijo Chanta, después lo cambió y me dijo que era el Fanta. Debe haber pensado que era un nombre ²⁰ que le venía más a ese tipo de... Yo no sé porqué él me lo... Pre- gúnteselo. Pregúnteselo.

PAULINA: No es la única corrección que usted hizo de la versión que yo le entregué a mi marido, Doctor. Habían varias otras mentiras. ²⁵

ROBERTO: ¿Cuáles, cuáles...?

PAULINA: Pequeñas mentiras, pequeñas variaciones que yo fui metiendo en mi relato a Gerardo, y varias veces, Doctor, no siempre, pero varias veces como con el Fanta, usted las fue

---

1   armar: *aquí* fabricar, preparar
2   equivocado/-a: falso/-a

corrigiendo. Tal como supuse[1] que iba a ocurrir. Pero no lo voy a matar porque sea culpable, Doctor. Lo voy a matar porque no se ha arrepentido un carajo[2]. Sólo puedo perdonar a alguien que se arrepiente de verdad, que se levanta ante sus semejantes[3] y dice esto yo lo hice, lo hice y nunca más lo voy a hacer.

ROBERTO: ¿Qué más quiere, señora? Tiene más de lo que todas las víctimas de este país van a tener. Un hombre confeso, a sus pies, humillado[4] (*se arrodilla*), rogando por su vida. ¿Qué más quiere?

PAULINA: La verdad, Doctor. Dígame la verdad y lo suelto. Va a estar tan libre como Caín después de que mató a su hermano, cuando se arrepintió. Dios le puso una marca[5] para que nadie lo pudiera tocar. Arrepiéntase y yo lo dejo libre. (*Pausa breve*) Tiene diez minutos. Uno, dos, tres, cuatro, cinco, seis. ¡Vamos! Siete. ¡Confiese, Doctor!

Roberto se para del suelo.

ROBERTO: No. No lo voy a hacer. Por mucho que me confiese[6], usted no va a estar nunca satisfecha. Me va a matar de todas maneras. Así que máteme. No voy a seguir permitiendo que una mujer loca me trate de esta manera vergonzosa. Si quiere matarme, máteme. Sepa, eso sí, que mata a un hombre inocente.

PAULINA: Ocho.

---

1 suponer: *hier* erwarten
2 no se ha arrepentido un carajo: *etwa* Sie haben keinerlei Reue gezeigt
3 que se levanta ante sus semejantes y dice…: *etwa* der sich vor seine Mitmenschen stellt und sagt…
4 humillado/-a: *hier* beschämt
5 la marca [de Caín]: Kainsmal (Zeichen der Schuld, das im Alten Testament dem Brudermörder Kain von Gott gegeben wird)
6 por mucho que me confiese…: soviel ich auch gestehe…

ROBERTO: Así que seguimos en la violencia, siempre en la violencia. Ayer a usted le hicieron cosas terribles y ahora usted me hace cosas terribles a mí y mañana... más y más y más. Yo tengo niños... dos hijos, una mujercita... Qué tienen que hacer ellos, pasarse quince años buscándola y cuando la encuentren,   5 ellos...

PAULINA: Nueve.

ROBERTO: Ay, Paulina... ¿No te parece que es hora de terminar de una vez?

PAULINA: Y por qué tengo que ser yo la que se sacrifica ¿eh?, yo   10 la que tengo que morderme la lengua[1], siempre nosotros los que hacemos las concesiones[2] cuando hay que conceder, ¿por qué, por qué? Esta vez no. Uno, uno, aunque no fuera más que uno, hacer justicia con uno. ¿Qué se pierde? ¿Qué se pierde con matar aunque no fuera más que uno? ¿Qué se pierde? ¿Qué se   15 pierde?

Van bajando las luces y quedan Paulina y Roberto, en la penumbra[3], ella apuntándolo a él y antes de que hayan bajado del todo, empieza a escucharse una música de cuarteto. Es el último movimiento del cuarteto Disonante de Mozart. Paulina y Roberto van siendo tapados[4] por   20 *un espejo gigante que le devuelve a los espectadores su propia imagen. Durante un largo rato, mientras oyen el cuarteto de Mozart, los espectadores simplemente miran su propia imagen en el espejo.*

→ *Tareas K*

---

1   morderse la lengua: *fig.* callar, no decir nada
2   hacer concesiones: Zugeständnisse machen
3   la penumbra: Halbdunkel
4   van siendo tapados: *etwa* sie werden allmählich verdeckt

Escena 2

Lenta o bruscamente, según los recursos de que se disponga, el espejo
se transforma en una sala de conciertos. Han pasado varios meses.
Es de noche. Aparecen Gerardo y Paulina, ambos vestidos en forma
elegante. Se sientan entre los espectadores y de espaldas a ellos, sea
5 *en dos butacas[1] del mismo público o en sillas que se colocan frente al*
espejo, viéndose sus caras. También es posible, aunque no recomenda-
ble que las sillas estén colocadas de cara al público. Se escuchan por
debajo de la música algunos sonidos típicos de un concierto: carraspe-
ras[2], una tos[3] aislada[4], un aletear de programas[5], hasta alguna respi-
10 *ración entrecortada[6]. Al llegar a su final la música, Gerardo empieza*
a aplaudir y se escucha un aplauso que va creciendo entre lo que evi-
dentemente es el público presente. Paulina no aplaude. Los aplausos
empiezan a disminuir hasta que desaparecen del todo y se oyen los
ruidos habituales de una sala de concierto, cuando se termina parte
15 *del programa: más carrasperas, murmullos de los espectadores, cuer-*
pos que se mueven hacia el foyer. Empiezan los dos a salir, saludando
gente, parándose a charlar de pronto. Se alejan de sus asientos y avan-
zan por un foyer imaginario que está aparentemente lleno de espec-
tadores. Se oyen cuchicheos[7], se ve humo que sale de cigarrillos, etc.
20 *Gerardo se pone a hablar con miembros del público, como si asistieran*
al concierto.

GERARDO (*en forma íntima, a diversos espectadores*): Gracias,
muchas gracias. Sí, quedamos bastante contentos con el
Informe... (*Paulina va yéndose hacia un lado, donde está insta-*
25 *lado un puesto de venta. Gerardo seguirá hablando con quienes*

---

1 la butaca: Sitz (im Theater oder im Kino)
2 la carraspera: Räuspern
3 la tos: Husten
4 aislado/-a: *hier* vereinzelt
5 el aletear de programas: *etwa* Rascheln der Programmhefte
6 la respiración entrecortada: Keuchen
7 los cuchicheos (*pl.*): Geflüster, Getuschel

lo rodean[1] *hasta que ella vuelva*) Se está actuando con una gran
generosidad, sin ningún ánimo de venganza personal. Mira, te
voy a decir cuándo supe que la Comisión de veras iba a ayu-
darnos a sanar[2] las heridas del pasado. Fue el primer día de
nuestra investigación. Se acercó a dar su testimonio una señora ⁵
de edad, Magdalena Suárez, creo que se llamaba, tímida, hasta
desconfiada[3]. Empezó a hablar parada[4]. «Siéntese», le dijo el
Presidente de la Comisión y le ofreció una silla. La señora se
sentó, y se puso a llorar. Después nos miró y nos dijo: «Es la
primera vez, señor», nos dijo – su marido estaba desaparecido ¹⁰
hace nueve años, y había hecho miles de trámites[5], miles de
horas de espera –, «Es la primera vez», nos dijo, «en todos estos
años, señor, que alguien me ofrece sentarme».

Imagínate lo que es que te traten durante años de loca y men-
tirosa y de pronto eres otra vez un ser humano, contando tu ¹⁵
historia para que todos la puedan escuchar. No podemos devolverle el marido muerto, pero podemos devolverle su dignidad[6];
que por lo demás[7] ella nunca perdió. Eso sí que no tiene precio.

Suena una campana[8] *que indica que está por recomenzar el concierto.*

Bueno, los asesinos[9]... ya sabía que me lo ibas a preguntar... ²⁰
Mira, aunque no sepamos, en muchos casos, sus nombres, o
no podamos revelarlos... (*Paulina ha seleccionado unos dulces,
paga, vuelve a juntarse con Gerardo. Entra Roberto en una luz
levemente distinta, con cierta dualidad casi fantasmagórica*[10],

---

1 con quienes lo rodean: *etwa* mit den Umstehenden
2 sanar: curar, cerrar
3 desconfiado/-a: sin confianza, con miedo
4 parado/-a: *hier* im Stehen
5 el trámite: *hier* Eingabe, Petition
6 la dignidad: Würde
7 por lo demás: im Übrigen
8 la campana: Glocke, *hier* Gong
9 el asesino: Mörder
10 una luz con cierta dualidad casi fantasmagórica: una luz irreal

como de luna. Ella todavía no lo ve. Roberto se queda contem-
plando a Paulina y a Gerardo desde lejos.)

Ah, Paulineta linda, justo a tiempo. Bueno, viejito, a ver si nos
tomamos unos tragos en casa, ahora que estoy más libre. La
5   Pau hace un pisco sour que es de miedo.

Se sientan. Roberto los sigue. Se sienta en un extremo de la misma fila,
mirando siempre a Paulina. Se escuchan aplausos, al entrar los músi-
cos. Unos breves acordes para templar[1] los instrumentos. Empieza a
oírse «La Muerte y la Doncella». Gerardo mira a Paulina que mira al
10 *frente. El le toma la mano y entonces, sin soltársela, comienza a mirar*
también al frente. Después de unos instantes, ella se da vuelta lenta-
mente y mira a Roberto que la está mirando. Se quedan así por unos
instantes. Después ella vuelve y mira al frente. Roberto sigue mirán-
dola. Las luces bajan mientras la música toca y toca y toca.

15 *Fin de la obra*

→ *Tareas L*

---

1 templar (un instrumento): stimmen

Tarea continua:

> *¿Cómo hacer frente a los crímenes de una dictadura?*
> *¿Cómo cerrar las heridas del pasado?*

A medida que leéis la obra y realizáis las tareas propuestas, recoged opiniones y posibles respuestas a esta cuestión clave. Luego discutidla en clase.

Tarea A

Describe el escenario (los sonidos, la iluminación, la acción) y examina qué atmósfera se crea.

Tareas B

1. Presenta los motivos de la discusión que se desarrolla entre Paulina y Gerardo.
2. ¿Qué impresión tienes de los personajes y su relación? ¿Por qué?

Tareas C

1. a) Presenta lo que llegas a saber de Paulina. ¿Cuál es su estado de ánimo?
   b) En su conversación, Paulina y Gerardo a veces no terminan sus frases (p. 11 ll. 18–20, p. 12 l. 3–4). En tu opinión, ¿qué es lo que no consiguen decir y por qué?
2. a) ¿Qué piensan Paulina y Gerardo de la Comisión? Identifica las declaraciones que reflejan más claramente lo que la Comisión representa:
   I) para Paulina
   II) para Gerardo
   b) Ponte en el lugar de Paulina/Gerardo y haz una declaración personal. ¿Qué es para ti la Comisión y que piensas de ella?
3. Analiza la relación entre Paulina y Gerardo, basándote en los resultados de 1 y 2.

Tareas D

1. Describe la tarea de la Comisión investigadora, las competencias que tendrá y los problemas que afrontará, según el texto.
2. Explica la diferencia entre «justicia» y «verdad» en el contexto dado.
3. A tu modo de ver, ¿basta con que haya «sanción moral» (p. 22 l. 12) para castigar los crímenes cometidos en una dictadura? ¿Por qué (no)?

Tareas E

¿Como os explicáis el comportamiento de Paulina?
Haced hipótesis.

Tareas F

1. Describe la situación representada en la escena con la ayuda de la foto de abajo.

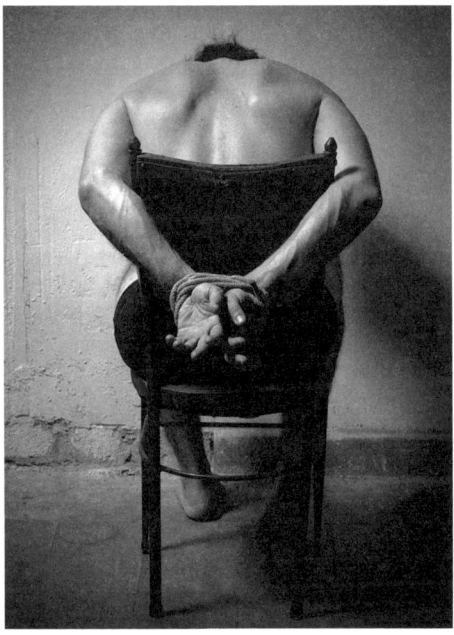

2. Resume lo que le pasó a Paulina en el pasado.

3. Ponte en el lugar de Gerardo y escribe un monólogo interior. ¿Qué piensas de Paulina, de su manera de actuar y de su plan de juzgar al Doctor Miranda?

4. Comenta la forma en que Paulina desea tomar justicia, considerando lo que le pasó. ¿La puedes comprender?

Tareas G

Construid una imagen congelada que revele la relación entre los tres personajes.

Tareas H

1. Presenta las intenciones originales de Paulina y el «compromiso» (p. 47 l. 1) que le propone a Gerardo.

2. Analiza el conflicto interno de Gerardo. ¿Qué papeles desempeña o cree desempeñar?

Tareas I

1. Describe el plan de Gerardo para salvar a Roberto y presenta la reacción de Roberto.

2. «¿Tú le crees, no es cierto? ¿Tú crees que yo soy culpable?» — pregunta Roberto a Gerardo (p. 55 ll. 22–23). ¿Y tú, qué opinas? ¿Es Roberto culpable? ¿En qué se basa tu opinión?

Tareas J

1. ¿Qué pasó «esa puta noche» (p. 62, l. 23) hace quince años?

2. «Uno también se puede morir de demasiada verdad» (p. 62 ll. 9–10) –dice Gerardo como marido de Paulina. ¿Qué crees, qué diría como miembro de la Comisión investigadora? ¿Por qué?

Tareas K

1. Resume en algunas frases lo que pasa en la segunda parte de esta escena (pp. 63–74).

2. a) ¿Es Roberto culpable o no? Busca indicios en el texto.
   b) Qué opinas: ¿hay suficientes pruebas para condenar a Roberto en un tribunal de justicia?

3. Al final Paulina dice: «Uno, uno, aunque no fuera más que uno, hacer justicia con uno. ¿Qué se pierde? ¿Qué se pierde con matar aunque no fuera más que uno?» (p. 74 l. 14–16) Discute esta pregunta.

4. Explica el efecto que debe de tener el «espejo gigante» (p. 74 l. 21) en los espectadores.

Tareas L

1. Resume la acción de la última escena con algunas frases.

2. Analiza el efecto de los recursos dramáticos (el decorado, los sonidos, la iluminación) sobre el lector / espectador.

3. ¿Cómo interpretas el final de la obra?

ANEXO

Chile

Cronología de los principales hechos históricos

1970. – El socialista Salvador Allende es elegido presidente de Chile. Durante su gobierno, el país vive una fuerte crisis económica y experimenta una extrema polarización política.

11/9/1973. – Allende es derrocado[1] por un golpe de estado militar dirigido por el general Augusto Pinochet. Allende se suicida durante el ataque al palacio presidencial de La Moneda. Empieza el periodo de la dictadura militar.

11/9/1980. – El pueblo chileno aprueba[2] una nueva Constitución que prevé[3] una transición sucesiva a una democracia restringida[4].

11/3/1981. – Pinochet es denominado presidente por un periodo de ocho años, según el nuevo texto constitucional.

1983. – Primeras protestas masivas contra el Gobierno militar.

---

1   derrocar a alg.: jdn stürzen
2   aprobar (o→ue) (una ley): (ein Gesetz) verabschieden
3   prever a/c: etw. vorsehen
4   restringido/-a (participio del verbo *restringir*): limitado/-a

Ruinas del Palacio de La Moneda después del Golpe Militar de 1973.

1987. – El Gobierno empieza a preparar el plebiscito[1] de 1988. Los partidos políticos no marxistas son legalizados.

1988. – Pinochet levanta el toque de queda[2] y todos los estados de emergencia[3], poniendo fin a las restricciones[4] a los derechos civiles.

5/10/1988. – Plebiscito y triunfo del «No». Un 54,7 % de los chilenos vota en contra del Gobierno militar, que reconoce su derrota[5] en las urnas. Empieza la transición a la democracia.

14/12/1989. – El demócratacristiano Patricio Aylwin gana las elecciones presidenciales con un 55 % de los votos.

11/3/1990. – Pinochet, aun[6] jefe del Ejército, abandona la presidencia después de más de 16 años.

4/3/1991. – La Comisión de «Verdad y Reconciliación» presenta un informe que consigna[7] 3.192 víctimas de la dictadura, de las que 1.185 son detenidos desaparecidos («Informe Rettig»).

---

1 el plebiscito: Volksabstimmung
2 el toque de queda: Ausgangssperre, Sperrstunde
3 el estado de emergencia: Ausnahmezustand, Notstandsgesetz
4 la restricción: la limitación
5 la derrota: Niederlage
6 aun: todavía
7 consignar: mencionar, hablar de

El 11 de marzo de 1991, Patricio Aylwin recibe la banda presidencial de manos del exdictador Augusto Pinochet.

10/3/1998.- El general Augusto Pinochet se retira del Ejército y pasa a ser senador vitalicio[1].

21/8/1999.- Comienza la «Mesa de Diálogo» que reúne a víctimas y militares, sobre las violaciones de los derechos humanos durante la dictadura.

28/11/2004.- La Comisión Nacional sobre «Prisión Política y Tortura» presenta un informe elaborado en base[2] al testimonio de más de 38.000 chilenos detenidos y sometidos a torturas tras el golpe del 11 de septiembre de 1973 («Informe Valech»).

10/12/2006.- Fallece[3] Pinochet sin ser procesado.

---

1   vitalicio/-a: auf Lebenszeit
2   en base a: auf der Grundlage von
3   fallecer (c→zc): morir

Prólogo del «Informe Valech» (2004)

PARA NUNCA MÁS VIVIRLO, NUNCA MÁS NEGARLO

[...] Al leer el informe, varias preguntas nos acosan[1] una y otra vez.

¿Cómo explicar tanto horror? ¿Qué pudo provocar conductas[2] humanas como las que allí aparecen? No tengo respuesta para ello. Como en otras partes del mundo y en otros momentos de la historia, la razón no
5 alcanza a explicar ciertos comportamientos humanos en los que predomina[3] la crueldad extrema. ¿Cómo explicar que el 94% de las personas detenidas señalaron[4] haber sufrido torturas? ¿Cómo explicar que, de las 3.400 mujeres que prestaron testimonio, casi todas señalan haber sido objeto de violencia sexual?

10 Y hay otros interrogantes[5]. ¿Cómo pudimos vivir 30 años de silencio? Sabemos que durante la dictadura el silencio era consecuencia del miedo, pero eso no lo explica todo. Del lado de las víctimas, el silencio se relaciona con una actitud de dignidad básica. El informe nos dice: "Descorrer el velo[6] de la tortura, de la humillación[7], de la violación física
15 y sicológica[8], es algo muy difícil de hacer. Incluso ante los propios cónyuges[9]. Y ese mismo silencio comprensible fue ahondando[10] el daño de los sufrimientos no compartidos [...]".

---

1 acosar a alg.: *hier fig.* sich jdm. aufdrängen
2 la conducta: el comportamiento
3 predominar: vorherrschen
4 señalar: *aquí* decir
5 el interrogante: la pregunta
6 descorrer el velo: den Schleier lüften
7 la humillación: Erniedrigung, Demütigung
8 (p)sicológico/-a: *hier* seelisch
9 el/la cónyuge: Ehepartner
10 ahondar: vertiefen

El trasfondo del Informe son las vidas quebradas[1], las familias destruidas, las perspectivas personales tronchadas[2], la impotencia para dar a los hijos una vida mejor. Todo ello estuvo cubierto durante mucho tiempo por un espeso[3] e insano silencio. Eso tenía que terminar, y ha terminado.

La entereza[4] de las víctimas y sus familiares, así como de las personas e instituciones que siempre estuvieron a su lado impidió que ese silencio se convirtiera en olvido. Allí reside la fortaleza moral de las víctimas. [...]

No se trata únicamente de horrores del pasado, sino también de daños que permanecen hasta hoy. Además, necesitábamos enfrentarnos a esta parte traumática de verdad que nos era debida[5] y completar el proceso de justicia y reparación[6] al que las víctimas tienen derecho.

En esos oscuros días del ayer, a través de la prisión y la tortura, a estos compatriotas[7] y sus familias se les trató de arrebatar[8] su dignidad para siempre. Reivindicarlos[9] treinta años después es exaltar[10] esa dignidad que nunca perdieron y que fue el sustento moral[11] de la lucha por recuperar la democracia.

---

1 quebrado/-a: roto/-a, destruído/-a
2 tronchado/-a: terminado/-a, destruído/-a
3 espeso/-a: *hier* lähmend
4 la entereza: Beharrlichkeit
5 esta parte traumática de verdad que nos era debida: diesen traumatischen Teil der Wahrheit, den man uns schuldig geblieben war
6 la reparación: *hier* Wiedergutmachung
7 los compatriotas: Landsleute
8 arrebatar a/c a alg.: quitar a/c a alg.
9 reivindicar a alg.: *hier* jdn rehabilitieren
10 exaltar: *hier* erhöhen, verstärken
11 el sustento moral: *etwa* moralischer Rückhalt

La recuperación de la memoria

En su casi bicentenaria[1] historia, Chile ha tenido pocos quiebres[2] tan profundos y dolorosos como el de 1973. Ninguno ha sido tan crudamente[3] investigado como este último. [...]. Ha sido un largo, paciente, y complejo camino. El primer paso fue el de la Comisión Verdad y Recon-
5 ciliación[4], creada por el Presidente Aylwin y que presidió el abogado Raúl Rettig. Gracias a su labor[5], fue posible establecer en gran medida la verdad sobre los compatriotas que murieron como consecuencia de la violencia política, y certificar[6] más allá de toda duda el drama de los detenidos desaparecidos.

10 Otro paso fundamental fue la Mesa de Diálogo, instalada por el Presidente Frei, en la cual participaron las FF.AA.[7] y otras instituciones, que extendió[8] la conciencia sobre la magnitud[9] de la tragedia y favoreció el proceso de reencuentro nacional[10]. [...]

Hoy podemos mirar con serenidad[11] nuestro pasado. Estamos constru-
15 yendo una democracia cada día más sólida y bregando[12] por el progreso y la justicia social, que son la base de una nación cohesionada[13]. Hemos recuperado la necesaria armonía entre la sociedad y sus instituciones

---

1 bicentenario/-a: de 200 años
2 el quiebre: *chil. fig.* la ruptura
3 crudamente: riguros, unerbittlich
4 la reconciliación: Versöhnung, *hier* Aufarbeitung
5 la labor: el trabajo
6 certificar: *aquí* documentar
7 las FF.AA. (*Fuerzas Armadas*): los militares
8 extender la conciencia sobre a/c: *etwa* ein stärkeres Bewusstsein für etw. schaffen
9 la magnitud: la dimensión
10 el reencuentro: *etwa* Wiederannäherung, Versöhnung
11 la serenidad: la tranquilidad
12 bregar por a/c: *hier* nach etw. streben, hart an etw. arbeiten
13 cohesionado/a: unido/-a, solidario/-a

armadas[1]. Tenemos la fortaleza suficiente para transformar el dolor en memoria y la memoria en unidad nacional, en futuro compartido.[...]

El camino de hacernos cargo[2] de este pasado ha sido largo, difícil, complejo. Asumir la cruda verdad de lo ocurrido y la responsabilidad de lo obrado[3], no ha sido fácil para ningún chileno.   5

Como sociedad hemos ido abriendo los ojos a la realidad de nuestros compatriotas desaparecidos, ejecutados, exiliados, exonerados[4], y ahora, a quienes sufrieron prisión política y tortura.

Como Estado, en la medida de las posibilidades[5], hemos ido proponiendo y definiendo medidas de reparación[6] moral, simbólica, y también   10
económicas, a todas esas personas que fueron víctimas de atropellos[7] a sus derechos más elementales. Con el reconocimiento[8] a las víctimas de prisión política y tortura completamos un capítulo por el cual teníamos que pasar.

Lo hemos hecho no para reavivar[9] rencores[10] y divisiones, sino para   15
fortalecer la convivencia y la unidad de todos los chilenos. Ese es el espíritu del Informe. Ese es el espíritu que debe prevalecer[11] una vez conocido el sufrimiento y el dolor.

Porque hemos sido capaces de mirar toda la verdad de frente[12], podemos empezar a superar el dolor, a restaurar[13] las heridas.   20

---

1   las instituciones armadas: las Fuerzas Armadas (Streitkräfte)
2   hacerse cargo de a/c: *hier* etw. annehmen, die Verantwortung für etw. übernehmen
3   lo obrado: lo ocurrido
4   exonerado/-a: *hier* aus ihrem Amt vertrieben, abgesetzt
5   en la medida de las posibilidades: soweit möglich
6   la reparación: Wiedergutmachung
7   el atropello: *aquí* la violación
8   el reconocimiento: *hier* Anerkennung
9   reavivar: *hier* wieder aufleben lassen
10 el rencor: Groll
11 prevalecer (c→zc): vorherrschen, sich durchsetzen
12 mirar la verdad de frente: der Wahrheit ins Auge sehen
13 restaurar: *aquí* curar, sanar

Para nunca más vivirlo, nunca más negarlo[1].

Ricardo Lagos

«Prólogo: Reflexiones y propuestas de S. E. el Presidente de la República, Ricardo Lagos Escobar». *Informe de la Comisión Nacional sobre Prisión Política y Tortura*. Ministerio del Interior: Chile, 2005. S. 3-10

Tareas

1. Presenta en algunas frases el propósito del «Informe Valech» y la información que contiene.
2. Examina cómo Ricardo Lagos define el proceso de reconciliación con el pasado en Chile (p. 89, l. 1–p. 91, l. 2)

---

[1] negar (e→ie): verneinen, *hier* leugnen

⎪ötzliche Reue

ber: Der Jahrestag des Beginns der Diktatur der chilenischen Militärs ı₃ʟ kein Tag der Einkehr. Chile kämpft um seine Vergangenheit wie Zukunft. 40 Jahre nach dem Pinochet-Putsch erinnert sich jeder an das blutige Regime – und ändert nichts.

Für Cecilia Quidel sind die kalten Septembertage manchmal nur schwer zu ertragen. Auf ihr lastet in diesen grauen Tagen die Erinnerung an das, 5 was in Chile vor 40 Jahren geschah und das Land bis heute prägt: „Wir haben zwar keine Horror-Diktatur mehr", sagt sie. Aber es seien so viele Dinge ungeklärt, unbearbeitet, ungelöst: „Wir haben als Gesellschaft noch viel zu tun."

Cecilia Quidel ist Lehrerin, hat zwei erwachsene Kinder und wohnt in 10 Quilicura, einem Vorort von Santiago de Chile. Derzeit denkt sie fast täglich an ihren Vater, der Gewerkschafter war während der Regierung der Unidad Popular und nach dem Putsch vom 11. September 1973 um sein Leben fürchten musste. „Am Tag des Staatsstreichs verbrannten meine Eltern hastig Papiere und warfen sie in die Latrine hinterm Haus, 15 ich verstand damals nicht, was los war. Ich hatte nur Angst", erzählt Cecilia, die damals neun Jahre alt war. Angst, die auch geschürt wurde durch das, was man überall hörte. Menschen, die abgeholt wurden, verschwanden und nie wiederkamen. „So wie der Vater einer Cousine von mir."
20

In Santiago de Chile erinnern zehntausende Menschen an den Militärputsch am 11. September vor 40 Jahren – sie ziehen mit Fotos von Opfern durch die Straßen der Hauptstadt zum Zentralfriedhof, auf dem die sterblichen Überreste des früheren Präsidenten Salvador Allende ruhen.

Mehr als 3200 Menschen sterben unter Pinochet

Chile tat und tut sich schwer mit der eigenen Vergangenheit. Der Putsch gegen die erste frei gewählte marxistische Regierung erregte damals in der ganzen Welt Kritik. Nur nicht in den USA, die hatten den Staatsstreich massiv unterstützt. 17 Jahre lang herrschte Augusto Pinochets
5 blutiges Regime. 3214 Menschen starben in den Folterkellern oder wurden ermordet. Tausende weitere mussten ins Exil oder verließen das Land freiwillig.

Fast vier Jahrzehnte waren die Opfer der Diktatur und ihre Angehörigen mit der Erinnerung und der Trauer weitgehend allein. Nur Opferverbände
10 und die Linke des Landes gedachten des Sturzes der Regierung von Salvador Allende. Trotz Rückkehr zur Demokratie 1990 und 20 Jahren Mitte-links-Regierung ist die Aufarbeitung bis heute nur Stückwerk. Und

h immer unter demselben Wirtschaftsmodell und mit der
ie von den Putschisten geschaffen wurden.

Abei ... 40. Jahrestag ist anders. Chile durchlebt eine Art Kathar-
sis[1]: Sachbücher, Romane, Dokumentationen, Filme, TV-Serien und
Ausstellungen erinnern immer und überall an das, was damals geschah. 5
Auch Wissenschaftler beschäftigen sich in Seminaren mit der Frage, wie
in einem Land mit langer demokratischer Tradition ein mörderisches
Regime möglich war.

„Ich bitte um Vergebung"

Vor allem aber wird dieses Jahr der Putsch nicht von der rechten Elite als
Tag der Befreiung vom Kommunismus gefeiert. Der 11. September 2013 10
ist ein Tag, von dem selbst der konservative Präsident Sebastián Piñera
sagt, man solle ihn zum Nachdenken nutzen. Ein Tag, an dem Chiles
Richterbund seine Mitschuld anerkennt und sich für „Tun und Unter-
lassen" zwischen 1973 und 1990 entschuldigt. In schätzungsweise
5 000 Fällen haben Richter Anträge, Klagen und Hilfegesuche abge- 15
lehnt, wenn es darum ging, Schutz vor Verfolgung zu gewähren oder
Informationen über Aufenthaltsorte der Verschwundenen oder Ermor-
deten zu erzwingen.

Das vielleicht erstaunlichste Mea-culpa[2] aber kam von der ultra-rech-
ten Pinochet-Partei UDI: Der Senator und frühere Vorsitzende Hernán 20
Larraín entschuldigte sich öffentlich dafür, dass seine Partei damals die
Hilferufe der Opfer der Diktatur und die Klagen ihrer Angehörigen nicht
hören wollte: „Ich bitte um Vergebung. Das ist mein Beitrag zur Versöhnung."

---

1 Katharsis: *geh.* seelische Befreiung, das Sichbefreien von psychischen
   Konflikten und Spannungen durch Abreagieren
2 das Mea-culpa: *hier* Entschuldigung, Bitte um Vergebung (*lat.* mea culpa =
   es ist meine Schuld)

Cecilia Quidel befremdet all das. Warum jetzt? Warum so spät? Irgendwie sei es gerade schick, sich zu entschuldigen für damals, denkt sie: „Aber ich frage mich noch immer, wie es passieren konnte, dass sich Menschen gegenseitig so etwa antun. Zudem noch Landsleute."

5 Auch der chilenische Schriftsteller Roberto Brodsky sieht mit Erstaunen auf sein Land und sagt etwas zynisch[1], es müsse die Midlife-Crisis der Gesellschaft sein, die all das Gedenken und Bedenken auslöse. Der 55-Jährige lebt schon seit dem Putsch im Ausland. Erst Exil, dann freiwilliges Fernbleiben der Heimat. Brodsky findet sich in dem Chile von

10 heute nicht zurecht, verarbeitet sein Befremden in Büchern. Chile sei eine apolitische, konsumorientierte Gesellschaft. „Das ist vielleicht das größte Vermächtnis der Pinochet-Diktatur", sagt Brodsky im Gespräch mit der FR.

All die Jahre habe sich niemand gegen das Wirtschafts- und Sozial-

15 modell der Diktatur gewehrt. Erst die Studenten seien es gewesen, die 2011 gegen die teuren Studiengebühren und das Gewinnstreben im Bildungssektor den Aufstand wagten und auf die Straße gingen.

Am Sonntag ist auch Cecilia Quidel auf die Straße gegangen. Mit ihren beiden Kindern und 20 000 Landsleuten hat sie der Opfer des Putsches

20 gedacht. Schweigend marschierten die Menschen zum Zentralfriedhof. Hunderte hielten dabei Bilder der Opfer der Diktatur in die Höhe. „Wir sind noch immer hungrig nach der Wahrheit", sagt Quidel. Wer waren die Verantwortlichen für all die Verbrechen? „Es ist unerlässlich für uns und unser Land, dass wir all die rehabilitieren, die Terroristen genannt

25 wurden, weil sie für eine gerechtere Gesellschaft und später gegen eine Diktatur gekämpft haben."

Klaus Ehringfeld, Frankfurter Rundschau, 11.9.13 http://www.fr.de/politik/
chile-unter-pinochet-chiles-ploetzliche-reue-a-660047

---

1 zynisch: spöttisch

Mediación

Tu amiga chilena Cecilia, que está comprometida en la lucha por recuperar la memoria histórica en su país, te ha preguntado en un e-mail cómo la prensa alemana informa sobre el proceso de reconciliación y si toma partido. Has encontrado este artículo en la edición en línea del *Frankfurter Rundschau*.

Tarea

Escríbele un e-mail a Cecilia. Explícale cómo el autor del artículo presenta el proceso de recuperación de la memoria histórica en Chile.